Cornelia Schinharl

Die neuen Zuchtpilze

Über 150 Rezepte mit Austernpilzen,
Shi-Take, Mu-Err, Champignons,
Egerlingen u. v. a.

Originalausgabe

WILHELM HEYNE VERLAG
MÜNCHEN

HEYNE KOCHBUCH
07/4592

Copyright © 1989
by Wilhelm Heyne Verlag & Co. KG, München
Printed in Germany 1989
Umschlaggestaltung: Atelier Ingrid Schütz, München
Umschlagfoto: Fotostudio Pete Eising, München
Innenfotos: Komplett-Büro, München
Satz: Schaber, Wels
Druck und Bindung: Ebner Ulm

ISBN 3-453-03853-3

INHALT

Vorwort	7
Warenkunde	9
Vorspeisen und kleine Gerichte	14
Feine Suppen und Eintöpfe	31
Hauptgerichte mit Fisch, Fleisch und Geflügel	54
Vegetarische Hauptgerichte	87
Gerichte aus dem Backofen	123
Alphabetisches Register	152
Register nach Sachgruppen	156

Wenn nicht anders vermerkt,
sind die Rezepte für 4 Personen berechnet.

Abkürzungen:

EL = Eßlöffel
TL = Teelöffel
Msp = Messerspitze

Vorwort

Noch heute erinnere ich mich gerne an die Ausflüge in den Wald, die ich während meiner Kindheit mit meinem Großvater frühmorgens unternahm, um Pilze zu sammeln. Mein Großvater kannte die guten Pilzplätze, wußte bei welchem Wetter sie am besten wachsen und konnte sie sozusagen von weitem riechen. Die richtige »Pilznase« und auch die nötigen »Pilzaugen« hatte ich allerdings nicht, er mußte mir immer ein paar schöne Exemplare stehenlassen und mich fast darauf stoßen, damit ich sie sah. Und obwohl ich seine freundliche List nach einiger Zeit durchschaute, gab es wenige Dinge, die mir in meiner Kindheit soviel Spaß machten wie das Sammeln der schönen, nach Erde duftenden Waldpilze.
Inzwischen ist die Freude am Pilzesammeln für viele von uns durch die steigende Umweltverschmutzung und das Wissen, daß gerade Waldpilze die Gifte besonders stark aufnehmen, sehr getrübt. Nicht zuletzt durch Tschernobyl sind Wald- und Wiesenpilze zunehmend in Verruf geraten, und viele von uns essen sie aufgrund der starken Belastung nicht mehr oder zumindest nur noch ganz selten.
Daß wir trotzdem nicht auf die schmackhaften Pilze ver-

zichten müssen, haben wir den jahrelangen Versuchen vieler Pilzzüchter zu verdanken. Gab es bis vor ein paar Jahren eigentlich nur Champignons und manche getrocknete Pilze zu kaufen, so können wir heute zwischen zahlreichen Sorten an Frischpilzen wählen. Und wahrscheinlich wird das Angebot in den nächsten Jahren noch steigen.

Pilze schmecken nicht nur gut, sie sind auch ganz einfach zuzubereiten. Ob Sie sich nun für eine Vorspeise, ein kleines Gericht, eine Suppe oder ein Hauptgericht entscheiden, Sie werden sicher feststellen, daß die Zubereitung der schmackhaften Zuchtpilze keinerlei Probleme bereitet und die unterschiedlichen Sorten den Gerichten immer eine ganz besondere Note verleihen.

Bei der Auswahl der Pilzsorten, die Sie in den Rezepten finden, habe ich vor allem darauf geachtet, daß Sie die Pilze auch überall bekommen. So gibt es zwar die verschiedensten Trockenpilze wie zum Beispiel die ostasiatische Sorte Hyanshin, doch werden diese nicht in jedem Geschäft angeboten. Und wenn Sie sie doch einmal bekommen, können Sie sich ja immer nach der Packungsaufschrift richten und eines der Gerichte mit diesen Sorten zubereiten.

Lassen Sie sich also anregen von den Rezepten, die ich in diesem Buch für Sie zusammengestellt habe. Wenn Sie einige Gerichte ausprobiert haben, werden Sie sicher auch zum Erfinden eigener Rezepte angeregt und die geliebten Waldpilze nicht mehr so vermissen.

Und nun viel Spaß beim Kochen und vor allem auch beim gemütlichen Essen!

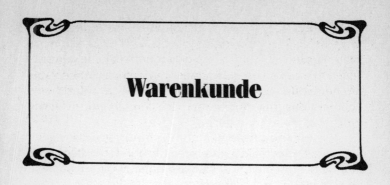

Warenkunde

Zuchtpilze sind eine beliebte Alternative zu Waldpilzen, die durch die starke Schadstoffbelastung immer mehr in Verruf geraten. Champignons und auch Austernpilze kennen Sie sicher schon. Seit einiger Zeit können Sie in vielen Feinkostgeschäften, beim Gemüsehändler und sogar in manchen Supermärkten auch den schmackhaften Shiitake-Pilz kaufen. Daneben gibt es noch getrocknete Speisepilze. In der nachfolgenden Übersicht finden Sie die wichtigsten Pilzarten kurz vorgestellt.

Austernpilze oder Austernseitlinge sind ursprünglich Waldpilze, die wegen ihres würzigen Geschmacks von Pilzsammlern begehrt und geschätzt wurden. Sein feines Aroma hat ihm auch den Namen »Kalbfleischpilz« eingebracht. Der Austernpilz wird heute in großen Hallen mit Hilfe von Stroh, Wasser und Pilzgranulat (Roggenkörnern) gezüchtet. Austernpilze enthalten pro 100 g rund 1,3 g Eiweiß. Dabei weisen sie eine besonders hochwertige Zusammensetzung auf. Sie enthalten alle acht lebensnotwendigen Aminosäuren, die der Körper selbst nicht bilden kann und die deshalb mit der Nahrung zugeführt werden müssen. Außerdem ist das Eiweiß von

Austernpilzen im Gegensatz zu dem vieler anderer Pilzarten, leicht verdaulich. Austernpilze sind sehr kalorienarm: Pro 100 g etwa 31 Kilokalorien beziehungsweise 130 Kilojoule. Ein weiteres Plus: Die Pilze enthalten Vitamine der B-Gruppe sowie zahlreiche Mineralstoffe wie Kalium, Phosphor, Magnesium und Eisen. Und: Austernpilze sind cholesterinfrei.

Da es viele verschiedene Sorten von Austernpilzen gibt, können die Huthäute unterschiedlich gefärbt sein: von hellbraun über ein etwas dunkleres Braun bis zu gräulich oder sogar bläulich. Zubereiten läßt sich der schmackhafte Pilz auf viele Arten. Am besten schmeckt er jedoch gegrillt und gebraten.

Champignons und **Egerlinge** waren ursprünglich wildwachsende Pilze, die es heute noch im Wald (Waldchampignons) oder auf der Wiese (Wiesenchampignons) gibt. Inzwischen wird er allerdings schon seit vielen Jahren erfolgreich kultiviert (meist auf Pferdemist und Strohkompost) und ist unter der Bezeichnung Zuchtchampignon bekannt. Die kultivierten Pilze können in Größe, Geschmack und Farbe sehr unterschiedlich sein. So gibt es auch die Bezeichnungen »rosa Champignons«, »Egerlinge« und »Steinpilzchampignons«. Champignons und Egerlinge enthalten durchschnittlich pro 100 g etwa 15 Kilokalorien beziehungsweise 62 Kilojoule, 2,7 g Eiweiß sowie die Mineralstoffe Kalium, Phosphor, Magnesium und Eisen. Champignons und Egerlinge werden inzwischen fast immer und überall frisch angeboten. Dosenware sollten Sie also nicht verwenden, denn diese Pilze schmecken wäßrig und ihr Aroma ist wesentlich geringer.

Morcheln sind längliche, schmale Pilze mit wabenartigem Hut. Morcheln gibt es zwar manchmal auch frisch zu kaufen, meist werden sie jedoch getrocknet angeboten. Auf den ersten Blick erscheinen sie sehr teuer, nehmen jedoch beim Quellen um ein Vielfaches an Volumen zu. Und sie haben einen intensiven Geschmack, so daß schon einige wenige Pilze den Gerichten die besondere Note geben. Morcheln enthalten je 100 g etwa 31 Kilokalorien beziehungsweise 130 Kilojoule, 1,7 g Eiweiß sowie die Mineralstoffe Kalium, Calcium, Phosphor, Magnesium und Eisen.

Mu-Err-Pilze sind chinesische getrocknete Baumpilze, die auch Holunder-Pilze oder — wahrscheinlich aufgrund ihres bizarren Aussehens — Wolkenohr-Pilze heißen. Sie können sie in fast jedem Supermarkt bekommen. Die Pilze müssen Sie immer einweichen; sie werden dabei fünf- bis sechsmal so groß. Das Einweichwasser von Mu-Err-Pilzen hat nicht besonders viel Aroma, Sie sollten es deshalb nicht verwenden. Das liegt hauptsächlich daran, daß auch die Pilze selbst über kein besonderes Aroma verfügen. In Asien werden sie deshalb auch hauptsächlich zum Dekorieren verwendet.

Shiitake-Pilze stammen aus China und wurden dort schon vor mehr als 2000 Jahren unter den einfachsten Bedingungen auf Holzstämmen gezüchtet. Vielleicht kommt daher auch sein Name, denn Shiitake heißt »Pilz des Shii-Baumes«. Die Japaner waren es dann, die immer bessere Zuchtbedingungen entwickelten. Dort wird er seit etwa 300 Jahren intensiv angebaut. Und inzwischen gibt es auch deutsche Anbauer, die den köstlichen Pilz vertreiben. Bis vor einem Jahr wurde er auch bei uns auf Holzstämmen gezüchtet, inzwischen wächst er allerdings auf einem unterschiedlichen Gemisch aus Holzmehl, das unter Zugabe von Wasser und der Pilzbrut erzeugt und zu Platten gepreßt wird. Um das Wachstum der Pilze zu fördern, werden die Platten etwa 24 Stunden lang in kalkfreies Wasser getaucht. Das wirkt wie ein warmer Regen und läßt die Pilze sprießen.

Der Shiitake wurde in China nicht nur wegen seines feinen Aromas geschätzt, man sagte ihm auch heilende Kräfte nach. So sollte er die Abwehrkräfte stärken und Kreislauferkrankungen lindern. Nach den Ergebnissen neuerer Untersuchungen aus Japan nimmt man an, daß der Shiitake den Blutdruck und den Cholesterinspiegel senkt. Bei neueren Versuchen hat man festgestellt, daß der Serumcholesterinspiegel junger Frauen bei einem täglichen Verzehr von 90 g frischen beziehungsweise 9 g getrockneten Shiitake-Pilzen innerhalb einer Woche um 6 bis 12,7 % abnahm. Der Genuß von frischen Pilzen zeigte dabei eine größere Wirkung als der von getrockneten.

100 g Shiitake-Pilze enthalten etwa 2,4 g Eiweiß. Außer Methionin enthalten die Pilze alle essentiellen Aminosäuren. Ein weiteres Plus: Er enthält Eiweiß, das im Gegensatz zu dem anderer Pilze leicht verdaulich ist, Vitamine der B-Gruppe und das Provitamin D, das in Pflanzen selten vorkommt. Übrigens: 100 g Shiitake haben nur etwa 40 Kilokalorien beziehungsweise 168 Kilojoule.

Zubereiten läßt sich der Shiitake auf alle nur erdenklichen Arten. Er schmeckt gebraten, gedünstet und vor allem auch gegrillt sehr gut.

Wenn Sie trotz steigenden Angebotes einmal keine Shiitake-Pilze bekommen sollten, können sie statt dessen Champignons, Egerlinge oder Austernpilze verwenden.

Pilze selber züchten?

Wer ausreichend Platz und die nötigen Bedingungen zur Verfügung hat, kann Pilze auch zu Hause selbst züchten. In Geschmack und Aussehen sind sie den Pilzen, die im Handel angeboten werden, nicht überlegen. Der Aufwand lohnt sich also nur, wenn Sie ein begeisterter Gärtner sind und Freude daran haben, die Pilze wachsen zu sehen. Wie man die Pilze züchtet, steht auf den Packungen.

Einige Tips für den richtigen Umgang

Da vor allem Austernpilze und Shiitake-Pilze noch nicht von jedermann geschätzt werden, kann es gelegentlich vorkommen, daß sie in den Geschäften zu lange liegen und nicht mehr ganz frisch angeboten werden. Ob Pilze wirklich frisch sind, erkennen Sie am festen Pilzfleisch und einem ausgeprägten Aroma. Außerdem sollten sich die Pilzhüte nach unten wölben und möglichst wenig beschädigt sein. Bei Champignons sollten die Hüte von kleinen Pilzen geschlossen sein, bei geöffneten Pilzen sollten die Lamellen hellbraun und nicht schon dunkelbraun bis schwärzlich sein.

Zu Hause können Sie frische Pilze — im Gemüsefach des Kühlschranks am besten in geöffneten Papiertüten oder -schalen, jedoch keinesfalls in Plastiktüten — bis zu drei Tagen aufbewahren.

Zuchtpilze sind in der Regel kaum verschmutzt, Sie sollten sie also möglichst nur mit Küchenpapier von Stroh- oder (bei Champignons) Erdresten befreien. Denn Pilze saugen sich schnell mit Wasser voll und verlieren dann stark an Aroma. Die Pilzstiele sollten Sie nur dann entfernen, wenn sie dick und zäh sind. Ansonsten können Sie sie kleingeschnitten oder feingehackt mitverwenden.

Pilze lassen sich auch tiefgefrieren. Die Pilze dazu putzen und eventuell zerkleinern und dann einfrieren. Sie sind etwa 6 Monate haltbar.

Getrocknete Pilze müssen vor der Zubereitung immer einige Stunden in Wasser quellen, bis sie ihr Volumen um ein Vielfaches vergrößert haben.

Vorspeisen und kleine Gerichte

Friséesalat mit Austernpilzen und Shrimps

(Foto Seite 64)

400 g Austernpilze
2 EL Butter
1 kleine Zwiebel
Salz
frischgemahlener weißer
Pfeffer
2 TL Aceto balsamico

150 g Shrimps
1 kleiner Friséesalat
2 EL Rotweinessig
4 EL Sojaöl
etwas Zitronensaft
einige Kerbelblättchen

Austernpilze mit Küchenpapier gut abreiben und von den Stielenden befreien. Kleine Pilze ganz lassen, größere in breitere Streifen schneiden. Die Pilze in heißer Butter in einer großen Pfanne braten, bis die Flüssigkeit, die sich dabei bildet, fast wieder verdampft ist. Zwiebel schälen, fein hacken und hinzufügen. Pilze salzen und pfeffern, dann mit dem Aceto balsamico beträufeln. Die Shrimps unter die noch warmen Austernpilze mischen. Den Friséesalat putzen, waschen und gegebenenfalls

kleiner zupfen. Aus Rotweinessig, Salz, Pfeffer und Sojaöl eine Marinade rühren und den Salat damit mischen. Salat auf vier Tellern verteilen. Zitronensaft über die Austernpilze und die Shrimps geben und diese auf dem Salat verteilen. Die Kerbelblättchen abbrausen, von den Stengeln zupfen und darüber streuen.
Beilage: Toast und Butter.

Marinierte Champignons

600 g Champignons
1 Knoblauchzehe
1 Zwiebel
Saft und Schale von
½ kleinen Zitrone
½ Bund frischer Thymian

2 EL kaltgepreßtes Olivenöl
3 EL trockener Weißwein
2 Lorbeerblätter
Salz
frischgemahlener
schwarzer Pfeffer

Pilze putzen, gegebenenfalls ganz kurz waschen, große Pilze halbieren oder vierteln. Knoblauch schälen und fein hacken, Zwiebel schälen und in feine Ringe schneiden. Pilze mit Knoblauch, Zwiebel, Zitronensaft und -schale in einen Topf geben. Thymian waschen, trockenschwenken und die Blättchen von den Stielen streifen. Thymian mit Öl, Weißwein und Lorbeerblättern zu den Pilzen geben. Pilze mit Salz und Pfeffer würzen und zum Kochen bringen. Pilze unter Rühren in etwa 5 Minuten bißfest garen. Champignons in einer Schüssel lauwarm abkühlen lassen.
Vor dem Servieren mindestens 4 Stunden an einem kühlen Ort, aber nicht im Kühlschrank ziehen lassen.
Beilage: Stangenweißbrot.

Tintenfischsalat mit Austernpilzen

(Foto Seite 17)

Für 8 Personen:

600 g küchenfertige
Tintenfische
2 Zwiebeln
1 Lorbeerblatt
1 TL Pfefferkörner
Salz
500 g Austernpilze

2 EL Butter
2 Knoblauchzehen
1 rote Paprikaschote
½ Salatgurke
3 EL Essig
frischgemahlener weißer
Pfeffer
4 EL kaltgepreßtes Olivenöl
1 Kästchen Kresse

Tintenfische in schmale Ringe schneiden. Eine Zwiebel schälen, vierteln und mit den Tintenfischen, dem Lorbeerblatt, den Pfefferkörnern und etwas Salz in einen Topf geben. Mit Wasser bedecken und zugedeckt 30 Minuten bei schwacher Hitze garen. Dann mit einem Schaumlöffel aus der Garflüssigkeit heben.

Während die Tintenfischringe garen, die Austernpilze mit Küchenpapier abreiben, von den festen Stielenden befreien und in ½ cm breite Streifen schneiden. In heißer Butter portionsweise anbraten. Knoblauch schälen, durch die Presse drücken und dazugeben.

Die Paprikaschote waschen, putzen und klein würfeln. Die Gurke schälen, entkernen und würfeln. Die zweite Zwiebel schälen und fein hacken. Aus Essig, Salz, Pfeffer und Öl eine Marinade rühren. Alle Zutaten darin wenden. Die Kresse vom Beet schneiden, waschen und unterheben.

Beilage: Brot.

Shiitake-Parfait mit Lachs

(Foto Seite 48)

300 g Blattspinat
Salz
2 Schalotten
3 EL Butter
500 g Shiitake-Pilze
frischgemahlener weißer Pfeffer
4 Eigelb

150 g Crème fraîche
1 Bund Schnittlauch
100 g Lachsfilet
1 Döschen Safranfäden
$1/4$ l Fischfond (aus dem Glas oder selbst gekocht)
Zitronensaft

Den Backofen auf 180°C vorheizen. Spinat verlesen, gründlich waschen und in kochendem Salzwasser kurz blanchieren. Kalt abschrecken und abtropfen lassen.
Schalotten schälen, fein hacken und die Hälfte in 2 EL heißer Butter dünsten. Die Shiitake-Pilze mit Küchenpapier abreiben, grob zerkleinern, zu den Schalotten geben und so lange dünsten, bis fast alle Flüssigkeit, die sich dabei bildet, wieder verdampft ist. Die Pilze salzen und pfeffern und etwas abkühlen lassen. Die Pilze dann im Mixer pürieren, Eigelb und 3 EL Crème fraîche untermischen und die Masse mit Salz und Pfeffer abschmecken. Schnittlauch waschen, in feine Röllchen schneiden und unterheben.
Vier Timbale-Förmchen (jeweils etwa $1/8$ l Inhalt) einfetten und mit Spinatblättern auskleiden (siehe Abb. 1). Die Hälfte der Pilzfarce und den in Stücke geschnittenen Lachs darin verteilen. Mit der restlichen Farce und den übrigen Spinatblättern bedecken (siehe Abb. 2—4). Die Förmchen verschließen, in die Fettpfanne stellen und mit heißem Wasser umgießen. Shiitake-Parfaits im vorgeheizten Backofen etwa 50 Minuten garen.
Inzwischen für die Sauce die zweite Schalotte in der restlichen Butter dünsten, mit dem Safran bestäuben, mit

dem Fischfond und der restlichen Crème fraîche ablöschen. Die Sauce etwa 20 Minuten bei schwacher Hitze kochen, bis sie cremig ist. Mit Salz, Pfeffer und Zitronensaft abschmecken.
Parfaits vorsichtig auf vier vorgewärmte Teller stürzen und mit der Sauce umgießen.
Beilage: Weißbrot oder Wildreis.

Nudelsalat mit Pilzen

250 g Bandnudeln
Salz
150 g kleine Champignons
20 g Butter
Saft von ½ Zitrone
3 Tomaten
1 Handvoll frische Kräuter
(Thymian, Petersilie,
Zitronenmelisse und
Schnittlauch)

1 EL Weißweinessig
200 g Crème fraîche
3 EL Joghurt
2 TL scharfer Senf
frischgemahlener weißer
Pfeffer

Nudeln in Salzwasser bißfest kochen. Champignons putzen und eventuell kurz waschen, dann halbieren. Die Pilze in der erhitzten Butter mit dem Zitronensaft weich dünsten. Tomaten waschen und in kleine Würfel schneiden, dabei die Stielansätze und einen Teil der Kerne entfernen.
Kräuter waschen, trockenschwenken und fein zerkleinern. Essig mit Crème fraîche, Joghurt und Senf verrühren, die Kräuter dazugeben, mit Salz und Pfeffer abschmecken. Nudeln, Tomaten und Champignons noch warm mit der Salatsauce mischen.

Austernpilzterrine

(Foto Seite 16)

3 Schalotten
2 EL Butter
2 Knoblauchzehen
750 g Austernpilze
2 Bund Petersilie
2 Bund Basilikum
500 g Kalbsbrät
1 Ei
3 Eigelb

150 g Crème fraîche
1 EL Cognac
Salz
frischgemahlener weißer Pfeffer
Butter für die Form
Blattsalate und Petersilie zum Anrichten

Schalotten schälen und in einer großen Pfanne in der Butter andünsten. Knoblauch schälen, durch die Presse drücken und dazugeben. Austernpilze mit Küchenpapier abreiben. Die Stielenden abschneiden. Kleine Pilze ganz lassen, große in Streifen schneiden. Pilze zu den Schalotten geben und mitbraten, bis die Flüssigkeit, die sich dabei bildet, fast wieder verdampft ist. Einige kleine Pilze für die Garnierung beiseite legen. Pilze abkühlen lassen.

Kräuter waschen, trockenschwenken und ohne die groben Stiele sehr fein hacken. Kalbsbrät mit Ei, Eigelb, Crème fraîche, Cognac und Kräutern in einer Schüssel mischen. Mit Salz und Pfeffer pikant abschmecken.

Backofen auf 180°C vorheizen. Eine Terrinenform fetten und mit Alufolie auskleiden. Die Hälfte der Kalbsbrätmasse in die Form füllen. Die Austernpilze salzen und pfeffern, dann in die Form geben und mit der restlichen Kalbsbrätmasse abdecken. Form verschließen, in die Fettpfanne stellen und mit heißem Wasser umgießen. Terrine etwa 1 Stunde im Backofen garen. Dann in der Form gut auskühlen lassen.

Terrine zum Servieren vorsichtig stürzen und die Alufolie abziehen. Terrine in Scheiben schneiden und auf Teller

geben. Mit Salatblättern, zurückbehaltenen Pilzen und Petersilie garnieren.
Beilage: Stangenweißbrot.

Anmerkung: Die Terrine schmeckt auch mit anderen Pilzen wie Champignons, Egerlingen oder Shiitake. Oder Sie versuchen einmal gemischte Pilze.

Spinatsalat mit Shiitake

150 g Shiitake-Pilze
1 kleines Bund Frühlings-
zwiebeln
300 g Blattspinat
2 EL kaltgepreßtes Sojaöl
2 EL Sherryessig
1 EL Sojasauce
Salz
frischgemahlener weißer
Pfeffer
1 EL frischgehackte Petersilie

Shiitake-Pilze mit Küchenpapier abreiben, Stiele abschneiden. Die Pilze je nach Größe halbieren oder ganz lassen. Frühlingszwiebeln putzen, waschen und in fingerbreite Stücke schneiden. Spinat putzen, von den Stielen befreien, gründlich waschen und gut abtropfen lassen. Den Spinat auf Tellern anrichten.
Das Öl erhitzen. Die Pilze darin bei mittlerer Hitze etwa 3 Minuten braten. Frühlingszwiebeln dazugeben, durchrühren und auf dem Spinat verteilen.
Essig und Sojasauce in die Pfanne gießen, den Bratfond damit lösen und über den Salat träufeln. Den Salat mit wenig Salz (die Sojasauce ist salzig) und Pfeffer würzen und mit der Petersilie bestreut servieren.

Anmerkung: Statt mit Spinat schmeckt dieser Salat auch mit Mangoldblättern (die Stiele für ein anderes Gericht verwenden) oder mit Rucola (Rauke), den es inzwischen auf gut sortierten Märkten zu kaufen gibt.

Lachscarpaccio
mit Pilz-Kerbel-Vinaigrette

300 g frischer Lachs am Stück
1 Handvoll frischer Kerbel
50 g Champignons oder Egerlinge
1 EL Kräuteressig
2 EL Zitronensaft
2 EL trockener Weißwein
Salz
frischgemahlener weißer Pfeffer
1 Msp scharfer Senf
1 Prise Zucker
4 EL Sonnenblumenöl
1 Zitrone

Den Lachs am besten vom Fischhändler häuten und filieren lassen. Die Lachsfilets mit einer Pinzette von allen Gräten befreien, dann einzeln in Frischhaltefolie wickeln und etwa 1 Stunde ins Gefrierfach legen, damit sie sich wirklich dünn schneiden lassen. Die Filets dann mit einem sehr scharfen Messer quer zu den Fasern in sehr dünne Scheiben schneiden. Dickere Scheiben auf ein Brett legen, mit Klarsichtfolie bedecken und mit den Handballen vorsichtig flacher klopfen. Die Scheiben dekorativ auf vier Tellern anrichten.

Den Kerbel waschen, trockenschwenken und ohne die groben Stiele fein zerkleinern. Die Pilze putzen und eventuell kurz kalt abspülen, dann fein würfeln.

Essig mit Zitronensaft, Weißwein, Salz, Pfeffer, Senf und Zucker verrühren. Sonnenblumenöl tropfenweise unterschlagen. Kerbel und Pilze untermischen. Die Vinaigrette über den Lachsscheiben verteilen. Die Zitrone in Scheiben schneiden und auf den Tellern anrichten. Das Carpaccio möglichst sofort servieren.

Beilage: Stangenweißbrot.

Toast mit Spinat, Pilzen und gebratener Hühnerbrust

4 Scheiben Toastbrot
100 g Shiitake-Pilze
2 EL Crème fraîche
1 TL Zitronensaft
1 EL Schnittlauchröllchen
1 einfaches Hühnerbrüstchen
1 TL Öl
1 EL Honig
1 TL Sojasauce
Cayennepfeffer
Salz
frischgemahlener weißer Pfeffer
½ EL Butter
1 Handvoll Spinat

Toastbrote toasten. Shiitake mit Küchenpapier abreiben, von den Stielen befreien und in Streifen schneiden. Crème fraîche mit Zitronensaft und Schnittlauch verrühren.
Hühnerbrüstchen mit Öl bestreichen, mit der Hautseite nach unten unter den Grill schieben und etwa 15 Minuten grillen. Nach der Hälfte der Zeit wenden und mit einer Mischung aus Honig, Sojasauce, Cayennepfeffer, Salz und Pfeffer bestreichen.
Inzwischen Pilze in Butter bei starker Hitze etwa 4 Minuten braten, bis sie gebräunt sind. Gewaschenen Spinat auf den Toastbroten verteilen. Hühnerbrüstchen kurz ruhen lassen, in Scheiben schneiden und mit den Pilzstreifen auf den Spinat geben. Toasts mit der Crème fraîche beträufeln.

Gefüllte Avocados mit Pilzen und Sellerie

*200 g Champignons oder
braune Egerlinge
2 EL Zitronensaft
2 Stangen Staudensellerie
50 g Walnußkerne
100 g saure Sahne*

*Salz
frischgemahlener weißer
Pfeffer
1 Bund Dill
2 vollreife Avocados*

Pilze putzen, gegebenenfalls ganz kurz kalt waschen, und in kleine Stücke schneiden. Dann sofort mit Zitronensaft mischen, damit sie sich nicht zu stark verfärben. Sellerie waschen, gegebenenfalls von den harten Fasern befreien und in schmale Streifen schneiden. Walnußkerne mit einem großen schweren Messer fein hacken. Alle diese Zutaten mit der sauren Sahne mischen und mit Salz und Pfeffer abschmecken. Dill waschen, trockenschwenken und ohne die groben Stiele sehr fein hacken. Die Hälfte davon unter die Füllung mischen.
Avocados halbieren, vom Kern befreien und das Fruchtfleisch mit einem Teelöffel herauslösen. Fruchtfleisch klein würfeln, mit der Füllung vorsichtig mischen und alles wieder in die ausgehöhlten Schalen füllen. Den restlichen Dill darüber streuen und die Avocados sofort servieren.

Anmerkung: Avocados werden immer unreif geerntet, damit sie den Transport unbeschadet überstehen. Und nicht immer sind sie reif, wenn sie in den Laden kommen. Reife Avocados müssen auf einen leichten Fingerdruck elastisch nachgeben. Unreife Avocados sollten Sie bei Zimmertemperatur (eventuell in Papier gewickelt) lagern, reife Früchte können Sie im Kühlschrank problemlos einige Tage aufbewahren.

Sushi mit Spinat und Shiitake

Für 6 Personen:

300 g Rundkornreis
350 ccm Wasser
150 g Shiitake-Pilze
1 EL Zitronensaft
1 TL Sojasauce
200 g Blattspinat

*Salz
frischgemahlener
schwarzer Pfeffer
30 ccm Reisessig (ersatzweise Apfelessig)
¾ EL Pfeffer
3—4 Noriblätter (Seetang)*

Den Reis in einem Sieb gründlich kalt abspülen, dann etwa 30 Minuten abtropfen lassen. Inzwischen die Shiitake-Pilze mit Küchenpapier gründlich abreiben und von den dicken Stielen befreien. Die Pilze in sehr feine Streifen schneiden, dann mit dem Zitronensaft und der Sojasauce mischen.

Spinat von allen welken Blättern und den groben Stielen befreien, dann in stehendem kalten Wasser mehrmals gründlich waschen. In einem großen Topf reichlich Wasser mit Salz zum Kochen bringen. Den Spinat darin etwa 1 Minute blanchieren, bis die Blätter zusammengefallen sind. Den Spinat in einem Sieb kalt abschrecken und gründlich abtropfen lassen. Dann mit Pfeffer würzen.

Den abgetropften Reis mit dem Wasser zum Kochen bringen und unter Rühren etwa 1 Minute kochen lassen. Dann kurz vom Herd ziehen und die Hitze reduzieren. Den Reis bei schwächster Hitze zugedeckt in etwa 15 Minuten ausquellen lassen. Den Essig mit dem Zucker und ¾ TL Salz in einem Topf unter Rühren erwärmen, bis sich der Zucker und das Salz aufgelöst haben. Die Essiglösung unter den gegarten Reis mischen und diesen abkühlen lassen.

Die Noriblätter in einer trockenen Pfanne bei mittlerer Hitze von beiden Seiten nur so lange rösten, bis sie sich grün färben. Dann aus der Pfanne nehmen und auf der Arbeitsfläche ausbreiten. Aus dem Reis in der Mitte der Blätter einen etwa 5 cm breiten Strang formen. Pilze und Spinat nebeneinander darauf verteilen. Blätter fest zusammenrollen, auf einen großen Teller geben und zugedeckt etwa 1 Stunde in den Kühlschrank stellen. Die Norirollen dann mit einem sehr scharfen Messer in etwa 2 cm dicke Scheiben schneiden und auf einem großen Teller anrichten. Sojasauce in kleinen Schälchen dazu reichen.

Anmerkung: Noriblätter und auch Reisessig bekommen Sie in asiatischen Feinkostgeschäften, Noriblätter auch in gut sortierten Naturkostläden. Den geeigneten Reis bekommen Sie ebenfalls in asiatischen Geschäften. Ich habe Sushi allerdings auch schon mit italienischem Rundkornreis (Avorio) zubereitet, und sie sind auch damit sehr gut gelungen.

Feiner Reissalat

400 g weißer Spargel
Salz
Zucker
250 g gegartes Roastbeef
200 g Champignons oder Egerlinge
2 EL Zitronensaft
400 g gegarter Langkornreis

1 EL Kapern (aus dem Glas)
1 EL mittelscharfer Senf
Cayennepfeffer
3 EL Kräuteressig
4—5 EL Sonnenblumenöl
1 Bund Schnittlauch

Spargel gründlich schälen, waschen und in Stücke schneiden. Spargelköpfe beiseite legen. Restliche Spargelstücke in kochendem Salzwasser mit 1 Prise Zucker etwa 8 Mi-

nuten garen. Spargelspitzen hinzufügen und alles weitere 5 Minuten garen, bis der Spargel bißfest ist. Spargel aus dem Sud heben und abtropfen lassen.
Roastbeef von Fett befreien und in Streifen schneiden. Pilze putzen und in Scheiben teilen, dann sofort mit dem Zitronensaft mischen, damit sie sich nicht zu stark verfärben. Spargel mit Reis, Roastbeef, Pilzen und Kapern mischen. Kräuter mit Senf, 1 Prise Zucker, Salz, Cayennepfeffer und Essig verrühren. Öl tropfenweise unterschlagen. Marinade unter den Salat mischen. Schnittlauch waschen, trockentupfen und in feine Röllchen schneiden. Den Salat damit bestreut servieren.

Gegrillte Austernpilze

400 g Austernpilze
1 kleines Bund Basilikum
1 Knoblauchzehe
1 EL Zitronensaft
Salz
frischgemahlener weißer Pfeffer
4 EL kaltgepreßtes Olivenöl

Austernpilze mit Küchenpapier gut abreiben und von den Stielenden befreien. Basilikum waschen, trockenschwenken und die Blättchen von den Stielen zupfen, dann fein hacken. Knoblauchzehe schälen und fein hacken. Basilikum mit Knoblauch, Zitronensaft, Salz und Pfeffer verrühren. Öl unterschlagen. Die Pilzköpfe mit der Marinade mischen und etwa 30 Minuten zugedeckt ziehen lassen. Die Pilze dann auf den heißen Holzkohlengrill oder unter den Elektrogrill geben und grillen, bis sie schön gebräunt sind. Dabei einmal wenden.

Blätterteigpastetchen mit Spargel und Pilzen

4 Blätterteigpasteten (fertig gekauft)
250 g grüner Spargel
1 EL Butter
150 g rosa Champignons
1 EL Zitronensaft
100 g Crème double
1 Handvoll frischer Kerbel
Salz
frischgemahlener weißer Pfeffer

Blätterteigpasteten ohne Fettzugabe in einen weiten Topf stellen und zugedeckt bei schwacher Hitze heiß werden lassen.

Vom Spargel die trockenen Enden abschneiden. Dann die Stangen waschen, abtropfen lassen und in kleine Stücke schneiden. Butter schmelzen lassen und die Spargelstücke darin bei schwacher Hitze unter gelegentlichem Umrühren etwa 5 Minuten garen, bis sie bißfest sind.

Inzwischen die Pilze putzen und eventuell kurz kalt waschen, dann halbieren. Die Pilze zu den Spargelstücken geben und kurz mitdünsten. Zitronensaft und die Crème double zu den Spargelstücken geben und heiß werden lassen. Kerbel waschen, trockenschwenken, von den Stielen zupfen und untermischen. Füllung mit Salz und Pfeffer würzen und in die Blätterteigpasteten verteilen. Sofort servieren, damit der Blätterteig nicht zu weich wird.

Tomaten-Pilz-Salat
mit Roquefortdressing

500 g reife, aber feste
Tomaten
200 g Champignons oder
Egerlinge
1—2 EL Zitronensaft
1 Bund Petersilie
½ Kästchen Gartenkresse
1 EL Haselnüsse

30 g Roquefort oder
anderer Blauschimmelkäse
⅛ l süße Sahne
Salz
frischgemahlener weißer
Pfeffer
1 EL Maiskeimöl

Tomaten waschen, abtrocknen und in Schnitze schneiden. Dabei die Stielansätze herausschneiden. Champignons oder Egerlinge putzen und eventuell ganz kurz unter fließendem kalten Wasser abspülen, dann blättrig schneiden. Pilze mit etwas Zitronensaft beträufeln, damit sie sich nicht zu stark verfärben. Petersilie waschen, trockenschwenken und ohne die groben Stiele fein hacken. Kresse mit einer Küchenschere vom Beet schneiden. Dann in einem Sieb kalt waschen und abtropfen lassen. Haselnüsse mit einem großen Messer grob hacken. Alle diese Zutaten in einer Schüssel vermischen.
Blauschimmelkäse mit einer Gabel fein zerdrücken. Dann mit dem restlichen Zitronensaft, der Sahne, Salz und Pfeffer verrühren. Öl teelöffelweise unterrühren. Sauce vorsichtig unter den Salat heben.

Gemischter Salat
mit rohen Champignons

150 g Blattspinat
½ kleine Salatgurke
100 g junge Möhren
100 g Champignons
1 rote Paprikaschote
1 EL Kürbiskerne
1 Bund Petersilie
1 Knoblauchzehe
2 EL süße Sahne

1 gehäufter TL scharfer Senf
frischgemahlener weißer Pfeffer
2 EL Sherry- oder Kräuteressig
4 EL kaltgepreßtes Maiskeimöl

Spinat von allen welken Blättern und den groben Stielen befreien und in stehendem kalten Wasser mehrmals gründlich waschen, dann gut abtropfen lassen. Gurke schälen, längs halbieren und in dünne Scheiben schneiden. Möhren waschen, schälen und in feine Stifte zerteilen. Champignons putzen, gegebenenfalls kurz kalt abspülen, dann blättrig schneiden. Paprikaschote waschen und vierteln. Vom Stielansatz und allen Trennwänden mit den Kernen befreien und würfeln. Alle diese Zutaten mit den Kürbiskernen in einer Schüssel mischen.
Petersilie waschen, trockenschwenken und ohne die groben Stiele fein hacken.
Knoblauch schälen und durch die Knoblauchpresse in eine kleine Schüssel drücken. Mit Sahne, Senf, Pfeffer und Essig verrühren. Öl teelöffelweise unterschlagen.
Dressing unter den Salat mischen und die Petersilie darüberstreuen.

Blattsalate mit sautierten Pilzen

100 g Feldsalat
½ kleiner Friséesalat
½ kleiner Burgundersalat
200 g Shiitake-Pilze
1 EL Zitronensaft
1 TL scharfer Senf

Salz
frischgemahlener weißer Pfeffer
2 EL Weißweinessig
5 EL kaltgepreßtes Olivenöl
1—2 Knoblauchzehen

Salate putzen, waschen und gründlich trockenschwenken. Pilze putzen und gegebenenfalls kurz kalt abspülen, dann von den Stielenden befreien und halbieren. Mit Zitronensaft mischen, damit sie sich nicht zu stark verfärben. Senf mit Salz, Pfeffer und Essig verrühren. 3 EL Olivenöl unterschlagen. Blattsalate klein zupfen, dann mit der Marinade mischen und auf vier Tellern verteilen. Knoblauch schälen und sehr fein hacken. Restliches Öl in einer Pfanne erhitzen. Pilze darin bei mittlerer bis starker Hitze braten, bis sie leicht gebräunt sind. Knoblauch untermischen und kurz andünsten. Pilze mit Salz und Pfeffer würzen und auf den Blattsalaten verteilen.

Feine Suppen und Eintöpfe

Gemüsesuppe mit Lachs und Morcheln

20 g getrocknete Spitzmorcheln
¼ l Wasser
1 Schalotte
1 Knoblauchzehe
1 Bund Frühlingszwiebeln
200 g mehligkochende Kartoffeln
1 Zucchino
100 g Zuckerschoten
300 g Tomaten
1 Bund Basilikum
1 Bund Petersilie
1 EL kaltgepreßtes Olivenöl
etwa 700 ccm Gemüsebrühe
abgeriebene Schale von ¼ unbehandelten Zitrone
1 Briefchen Safranpulver
Salz
frischgemahlener weißer Pfeffer
250 g Lachsfilet
1 EL Zitronensaft

Morcheln in einem Schälchen mit dem Wasser übergießen und etwa 6 Stunden quellen lassen. Morcheln dann in einem Sieb gründlich abspülen. Das Einweichwasser durch eine Kaffeefiltertüte gießen und beiseite stellen. Schalotte und Knoblauch schälen und fein hacken. Die Frühlingszwiebeln putzen, gründlich kalt abspülen und mit etwa zwei Dritteln des zarten Grüns in feine Ringe schneiden. Kartoffeln schälen, waschen und in winzige Würfel schneiden. Den Zucchino waschen und abtrocknen, dann vom Stiel- und Blütenansatz befreien und in etwa 1 cm dicke Stifte schneiden. Die Zuckerschoten waschen, putzen und gegebenenfalls von den Fäden befreien. Die Tomaten mit kochendem Wasser überbrühen, kurz darin ziehen lassen, kalt abschrecken und häuten. Die Tomaten in kleine Würfel schneiden, dabei die Stielansätze entfernen. Die Kräuter waschen, trockenschwenken und ohne die groben Stiele fein hacken. Einen Teil der Kräuter zum Bestreuen der fertigen Suppe zugedeckt beiseite stellen.

Das Öl in einem großen Topf erhitzen. Die Schalotte, den Knoblauch und die Frühlingszwiebeln darin unter Rühren andünsten. Dann die Kartoffeln, die Morcheln, die Kräuter, das Einweichwasser der Pilze und die Gemüsebrühe hinzufügen. Den Safran in wenig Wasser anrühren. Die Suppe mit der Zitronenschale, dem Safran, Salz und Pfeffer abschmecken und zugedeckt bei mittlerer Hitze etwa 10 Minuten garen. Dann das restliche Gemüse hinzufügen und die Suppe weitere 5 Minuten zugedeckt garen, bis die Kartoffeln weich sind.

Inzwischen Lachsfilets gegebenenfalls mit einer Pinzette von den Gräten befreien, dann kalt abspülen und trockentupfen. Den Fisch in feine Streifen schneiden und mit dem Zitronensaft mischen. Die Fischstreifen in vorgewärmte Suppenteller füllen und mit der heißen Suppe übergießen. Der Fisch gart durch die heiße Brühe und muß nicht mehr erhitzt werden. Die Suppe mit den restlichen Kräutern bestreut sofort servieren.

Gemüsesuppe mit Morcheln und Putenstreifen

10 g getrocknete Spitzmorcheln
¼ l Wasser
250 g Spargel
1 dünne Stange Lauch
200 g Blattspinat
200 g Putenschnitzel
¾ l Hühnerbrühe
100 g Hörnchennudeln
½ EL Butter
2 EL Zitronensaft
2 Tomaten
Salz
1 EL feingehackte Petersilie

Die Morcheln mit dem Wasser in eine kleine Schale geben und etwa 6 Stunden quellen lassen. Dann herausnehmen, kalt abspülen und abtropfen lassen. Das Einweichwasser durch eine Kaffeefiltertüte gießen.

Den Spargel von den holzigen Enden befreien, gründlich schälen und in etwa 5 cm lange Stücke schneiden. Lauch putzen, gründlich waschen und in feine Ringe teilen. Spinat verlesen, von den groben Stielen befreien und in stehendem kalten Wasser mehrmals gründlich waschen. Putenschnitzel in etwa 1 cm breite Streifen schneiden.

Hühnerbrühe zum Kochen bringen. Den Spargel und die Morcheln einschließlich dem Einweichwasser hinzugeben und bei starker Hitze etwa 8 Minuten kochen. Die Nudeln hinzufügen und alles weitere 5 Minuten kochen, bis die Nudeln bißfest sind.

Inzwischen die Butter erhitzen, den Zitronensaft und die Putenstreifen hinzugeben. Das Fleisch bei mittlerer Hitze unter ständigem Wenden etwa 2 Minuten braten. Das Fleisch, die Zwiebelringe und den Spinat in die Suppe geben und erhitzen.

Die Tomaten waschen und würfeln. Die Suppe mit Salz abschmecken, auf Teller verteilen und mit den Tomatenwürfeln und der Petersilie bestreut servieren.

Hühnersuppe mit Kokosmilch und Mu-Err-Pilzen

15 g getrocknete Mu-Err-Pilze
1 Kokosnuß (etwa 300 g)
300 ccm warmes Wasser
1 Schalotte
2 Knoblauchzehen
1 EL Distelöl
100 g Langkornreis
etwa ½ l Geflügelbrühe

300 g TK-Erbsen
1 entbeinte Hühnerbrust
1 EL Butter
1 TL Kurkuma (Gelbwurz)
½ TL Kreuzkümmel
¼ TL Zimtpulver
⅛ l süße Sahne
1 Eigelb

Mu-Err-Pilze in einer Schüssel mit lauwarmem Wasser bedecken und etwa 4 Stunden quellen lassen. Dann waschen, abtropfen lassen und in Streifen schneiden. Einweichwasser aufbewahren.

Die Kokosnuß mit einem Hammer öffnen, das Fleisch herauslösen, in Stücke brechen und mit dem Wasser im Mixer pürieren. Püree durch ein mit einem Küchentuch ausgelegtes Sieb gießen und das Kokospüree mit einem Kochlöffel ausdrücken, das Püree dann wegwerfen. Kokosmilch beiseite stellen.

Schalotte und Knoblauch schälen, fein hacken und im erhitzten Öl anbraten. Ungewaschenen Reis und Mu-Err-Pilze dazugeben und so lange mitbraten, bis alle Reiskörner vom Fett überzogen sind. Kokosmilch, Einweichwasser der Pilze und Hühnerbrühe angießen und zum Kochen bringen. Reis zugedeckt bei schwacher Hitze etwa 15 Minuten garen. Dann die Erbsen in die Suppe geben und alles weitere 5 Minuten köcheln lassen.

Inzwischen Hühnerbrust häuten und in Streifen schneiden. In der erhitzten Butter einige Minuten unter Rühren braten, dann in die Suppe geben. Mit Salz, Pfeffer, Kurkuma, Kreuzkümmel und Zimt pikant abschmecken.

Sahne mit Eigelb verquirlen und die Suppe damit legieren. Die Suppe nicht mehr kochen lassen, sonst gerinnt das Eigelb. Die Hühnersuppe sofort servieren.

Pilzsuppe mit Speck und Thymian

75 g durchwachsener Räucherspeck
1 Zwiebel
400 g Champignons oder Egerlinge
1 EL Zitronensaft
1 Bund frischer Thymian
1 EL Mehl
1 EL Butter
¾ l Gemüsebrühe
Salz
frischgemahlener weißer Pfeffer
2 EL Crème fraîche

Speck gegebenenfalls von der Schwarte und allen Knorpeln befreien, dann in kleine Würfel schneiden. Zwiebel und Knoblauchzehe schälen und fein hacken. Die Pilze putzen und gegebenenfalls kurz kalt abspülen, dann in kleine Würfel schneiden. Die Pilze mit dem Zitronensaft mischen, damit sie sich nicht verfärben. Den Thymian waschen, trockenschwenken und die Blättchen von den Stielen streifen. Das Mehl mit der Butter verkneten.
Den Speck in einen größeren Topf geben und bei mittlerer Hitze unter Rühren ausbraten. Die Zwiebel und den Knoblauch hinzufügen und glasig dünsten. Die Pilze und den Thymian dazugeben und kurz mitbraten. Die Gemüsebrühe angießen. Die Mehlbutter unterschlagen. Die Suppe mit Salz und Pfeffer abschmecken und zugedeckt bei mittlerer Hitze etwa 6 Minuten garen. Dann die Crème fraîche untermischen und die Suppe eventuell noch einmal mit Salz und Pfeffer nachwürzen. Die Suppe in vorgewärmten Suppentellern servieren.

Spargel-Pilz-Suppe
mit Knoblauchcroûtons

500 g grüner Spargel
250 g Austernpilze
1 EL Zitronensaft
600 ccm Gemüsebrühe
Salz
1 Prise Zucker
2 EL Sahne
frischgemahlener weißer Pfeffer
2 Scheiben Vollkornbrot
2 Knoblauchzehen
1 EL Butter
1 EL Kerbelblättchen

Den Spargel waschen, von den holzigen Enden befreien und nur am unteren Ende dünn schälen. Dann in Stücke schneiden, die Köpfe beiseite legen. Austernpilze mit Küchenpapier gut abreiben, von den dicken Stielen befreien und in Streifen schneiden. Pilze mit dem Zitronensaft beträufeln, damit sie sich nicht zu stark verfärben. Einige Austernpilzstreifen zugedeckt beiseite stellen.

Die Spargelstücke mit der Gemüsebrühe, Salz und Zucker in einen Topf geben und zum Kochen bringen. Die Suppe zugedeckt bei mittlerer Hitze etwa 10 Minuten garen. Dann die Austernpilze und die Spargelköpfchen dazugeben und die Suppe noch einmal etwa 5 Minuten garen, bis die Spargelköpfchen bißfest sind. Die Köpfchen herausnehmen und beiseite legen.

Den restlichen Spargel und die Pilze mit der Garflüssigkeit pürieren, dann wieder in den Topf geben. Die Sahne und die Spargelköpfchen untermischen. Mit Salz und Pfeffer abschmecken und zugedeckt auf der abgeschalteten Kochplatte warm halten.

Das Brot in Würfel schneiden. Den Knoblauch schälen und durch die Presse drücken. Die Butter mit dem Knoblauch in eine Pfanne geben und bei mittlerer Hitze schmelzen lassen. Das Brot und die zurückgelegten Austernpilzstreifen untermischen und alles unter Rühren etwa 2 Minuten braten. Die Suppe in vorgewärmte Suppenteller verteilen, mit den Croûtons und dem Kerbel bestreuen und sofort servieren.

Tomaten-Mangold-Suppe mit Egerlingen

150 g Egerlinge
1 Knoblauchzehe
1 EL Zitronensaft
300 g vollreife Tomaten
300 g Mangold
1 großes Bund Schnittlauch
¾ l Gemüse- oder Fleischbrühe
Salz
frischgemahlener weißer Pfeffer

Pilze putzen und eventuell kurz kalt abspülen, dann vierteln. Knoblauch schälen und sehr fein hacken. Pilze mit dem Zitronensaft und dem Knoblauch mischen und zugedeckt beiseite stellen. Die Tomaten mit kochendem Wasser überbrühen, kurz darin ziehen lassen, kalt abschrecken und häuten. Die Tomaten klein würfeln, dabei die Stielansätze entfernen. Den Mangold waschen. Die Blätter von den Stielen lösen und in feine Streifen schneiden. Die Stiele fein hacken. Den Schnittlauch waschen und in feine Röllchen schneiden.

Die Gemüse- oder Fleischbrühe mit den Tomaten, dem Mangold und der Hälfte des Schnittlauchs in einen Topf geben und mit Salz und Pfeffer abschmecken. Die Suppe zugedeckt bei mittlerer Hitze etwa 8 Minuten garen, bis der Mangold bißfest ist. Die Pilze untermischen und alles weitere 2 Minuten erhitzen. Die Suppe noch einmal mit Salz und Pfeffer abschmecken, dann in vorgewärmten Tellern mit dem restlichen Schnittlauch bestreut servieren.

Kartoffelsuppe mit Lammfleisch und Shiitake

*200 g Lammkeule
1 Knoblauchzehe
½ Bund frischer Thymian
1½ EL Zitronensaft
500 g mehligkochende Kartoffeln
600 ccm Fleisch- oder Gemüsebrühe
1 Bund Petersilie
150 g Shiitake-Pilze
1 EL Butter
Salz
frischgemahlener weißer Pfeffer
2 EL Crème fraîche*

Lammkeule gegebenenfalls von Fett und Sehnen befreien, dann in schmale Streifen schneiden. Knoblauch schälen und sehr fein hacken. Den Thymian waschen, trockenschwenken und die Blättchen von den Stielen streifen. Das Lamm mit dem Knoblauch, dem Thymian und 1 EL Zitronensaft mischen und zugedeckt etwa 2 Stunden marinieren. Dabei einmal durchrühren.

Kartoffeln schälen, waschen und kleinschneiden. Die Kartoffeln mit der Brühe in einen Topf geben und bei mittlerer Hitze zugedeckt weich garen.

Inzwischen die Petersilie waschen, trockenschwenken und ohne die groben Stiele fein hacken. Die Pilze mit Küchenpapier abreiben, von den harten Stielen befreien und in größere Würfel schneiden. Die Pilze mit dem restlichen Zitronensaft mischen.

Ein Drittel der Kartoffeln aus der Brühe nehmen, die restlichen Kartoffeln mit der Brühe pürieren. Dann mit den Kartoffelwürfeln wieder in den Topf geben. Die Suppe mit Salz und Pfeffer pikant abschmecken. Das Lammfleisch, die Petersilie und die Crème fraîche untermischen. Die Suppe noch einmal etwa 2 Minuten erhitzen. Inzwischen die Pilze in der Butter unter Rühren braten, bis sie leicht gebräunt sind. Die Suppe in vorgewärmte Teller verteilen und mit den Pilzen garnieren.

Tomatencremesuppe mit gebratenen Shiitake-Streifen

700 g vollreife Tomaten
1 Schalotte
1 Knoblauchzehe
150 g Shiitake-Pilze
½ EL Zitronensaft
1 Bund Petersilie
½ EL kaltgepreßtes Olivenöl
¼ l Gemüsebrühe
Salz
frischgemahlener weißer Pfeffer
1 Prise Zucker
1 EL Butter
3 EL Crème fraîche

Die Tomaten mit kochendem Wasser überbrühen, kurz darin ziehen lassen, kalt abschrecken und häuten. Die Tomaten sehr klein würfeln, dabei die Stielansätze entfernen. Die Schalotte und die Knoblauchzehe schälen und sehr klein würfeln. Die Shiitake-Pilze mit Küchenpapier gut abreiben, dann von den groben Stielen befreien und in schmale Streifen schneiden. Die Pilze mit dem Zitronensaft mischen. Petersilie waschen, trockenschwenken und ohne die groben Stiele fein hacken.
Olivenöl in einem größeren Topf erhitzen. Die Schalotte und den Knoblauch darin glasig dünsten. Tomaten, die Hälfte der Petersilie und Gemüsebrühe dazugeben und alles mit Salz, Pfeffer und dem Zucker abschmecken. Die Tomatensuppe zugedeckt bei mittlerer Hitze etwa 8 Minuten garen.
Inzwischen die Butter in einer kleineren Pfanne erhitzen. Die Shiitake-Pilze und die restliche Petersilie hinzufügen und die Pilze unter Rühren braten, bis sie leicht gebräunt sind. Die Suppe mit der Crème fraîche verfeinern und eventuell mit Salz und Pfeffer nachwürzen. Dann in vorgewärmte Suppenteller verteilen. Die Shiitake-Streifen daraufgeben und die Suppe sofort servieren.

Austernpilzessenz mit Blätterteighaube

(Foto Seite 65)

400 g Austernpilze
2 Schalotten
2 EL Butter
1 l Fleischbrühe
Salz
frischgemahlener
schwarzer Pfeffer

1 EL Worcestersauce
Zitronensaft
½ Bund Basilikum
200 g TK-Blätterteig
Mehl zum Ausrollen
2 Eigelb

Die Austernpilze mit Küchenpapier gut abreiben, von den harten Stielen befreien und in schmale Streifen schneiden. Die Schalotten schälen und fein hacken, dann in der erhitzten Butter glasig dünsten. Drei Viertel der Pilze hinzufügen und kurz anbraten. Die Fleischbrühe angießen und die Pilze etwa 45 Minuten bei schwacher Hitze garen. Die Suppe mit Salz, Pfeffer, Worcestersauce und Zitronensaft würzen, die Basilikumblätter von den Stielen zupfen, abbrausen und dazugeben.
Den Blätterteig auftauen lassen, dann auf einer bemehlten Fläche messerrückendick ausrollen. Mit einer feuerfesten Suppentasse vier Kreise aus dem Blätterteig stechen. Den Backofen auf 200 °C vorheizen.
Die Pilzessenz durch ein Sieb gießen und nochmals abschmecken. Die beiseite gelegten Pilzstreifen in den Tassen verteilen und mit der Brühe übergießen. Die Ränder der Suppentassen jeweils mit verquirltem Eigelb bestreichen. Die Teigdeckel vorsichtig daraufsetzen und die Ränder festdrücken. Den Teig mit dem restlichen Eigelb bepinseln und die Suppentassen in die mittlere Schiene des Backofens geben. Die Austernpilzessenz etwa 30 Minuten backen, bis der Blätterteig schön aufgegangen und goldbraun ist. Heiß servieren.

Anmerkung: Blätterteig gibt es tiefgefroren in 300- bis 450-g-Packungen zu kaufen. Sie können jedoch problemlos die benötigten Blätterteigplatten aus der Pakkung entnehmen und den restlichen Teig wieder ins Gefrierfach geben.

Paprikasuppe mit Egerlingen

400 g Egerlinge
1 EL Zitronensaft
je 1 rote und grüne
Paprikaschote
2 Schalotten
1 Knoblauchzehe
1 EL Butter
650 ccm Gemüse- oder
Fleischbrühe
6 EL süße Sahne
Salz
frischgemahlener
schwarzer Pfeffer
edelsüßes Paprikapulver
1 Bund Petersilie

Pilze putzen und eventuell kurz kalt abspülen, dann klein würfeln. Mit dem Zitronensaft mischen, damit sie sich nicht zu stark verfärben. Paprikaschoten waschen, vierteln und von den Trennwänden mit den Kernen sowie dem Stielansatz befreien. Schalotten und Knoblauch schälen und fein hacken.
Butter in einem größeren Topf aufschäumen lassen und alle vorbereiteten Zutaten darin andünsten. Die Gemüse- oder die Fleischbrühe und die Sahne hinzufügen. Die Suppe mit Salz, Pfeffer und Paprikapulver pikant abschmecken und zugedeckt bei mittlerer Hitze etwa 6 Minuten garen, bis die Schoten bißfest sind.
Inzwischen die Petersilie waschen, trockenschwenken und ohne die groben Stiele fein hacken. Die Suppe noch einmal mit Salz, Pfeffer und eventuell etwas Paprikapulver abschmecken, dann in vorgewärmte Suppenteller füllen und mit der Petersilie bestreut sofort servieren.

Pilzcremesuppe mit Kräutern

250 g Champignons oder Egerlinge
250 g Shiitake-Pilze
1 Stück unbehandelte Zitronenschale
1 kleines Stück Ingwerknolle
1 kleine Möhre
1 Stück Knollensellerie
etwa 100 g gemischte Kräuter (z. B. Petersilie, Thymian, Zitronenmelisse und Kerbel)

1 Schalotte
1 Knoblauchzehe
2 EL Butter
2 EL Mehl oder Vollkornmehl
¾ l Hühner- oder Gemüsebrühe
2 EL Crème fraîche
Salz
frischgemahlener weißer Pfeffer

Pilze putzen und mit Küchenpapier abreiben. Die Champignons oder die Egerlinge kurz kalt abspülen, wenn sie sehr schmutzig sind. Von den Shiitake die Stiele abschneiden, dann alle Pilze klein würfeln. Zitronenschale hacken. Ingwer schälen und ebenfalls fein hacken. Möhre und Sellerie schälen, waschen und in kleine Würfel schneiden. Die Kräuter waschen, trockenschwenken und ohne die groben Stiele fein hacken. Zwiebel und Knoblauch schälen und würfeln.
Die Butter in einem Suppentopf schmelzen lassen. Die Zwiebel, den Knoblauch, die Zitronenschale, den Ingwer, die Möhre, den Sellerie und die Pilze hineingeben und andünsten. Das Mehl darüberstäuben und unter Rühren andünsten. Die Brühe und die Kräuter unterrühren. Die Suppe zugedeckt bei mittlerer Hitze etwa 6 Minuten garen.
Zwei Drittel der Brühe pürieren, dann mit der restlichen Suppe und der Crème fraîche wieder in den Topf geben

und noch einmal kurz erhitzen. Die Suppe mit Salz und Pfeffer abschmecken und in vorgewärmten Tellern servieren.

Spinatsuppe mit Austernpilzen

300 g Austernpilze
1 EL Zitronensaft
1 Knoblauchzehe
4 Blätter frische Zitronenmelisse
500 g Blattspinat
1 Schalotte

1 EL Butter
etwa 700 ccm Fleisch- oder Gemüsebrühe
3 EL Crème fraîche
Salz
frischgemahlener weißer Pfeffer

Austernpilze mit Küchenpapier gründlich abreiben, von den dicken Stielen befreien und in schmale Streifen schneiden. Pilze mit dem Zitronensaft mischen. Knoblauch schälen und durch die Knoblauchpresse dazudrücken. Zitronenmelisse waschen, trockentupfen, in schmale Streifen schneiden und ebenfalls untermischen. Spinat von allen welken Blättern und den groben Stielen befreien und in stehendem kalten Wasser mehrmals gründlich waschen. Spinat abtropfen lassen und fein hacken. Schalotte schälen und klein würfeln.
Die Butter in einem größeren Topf schmelzen lassen. Die Schalotte darin andünsten. Die Pilze hinzufügen und unter Rühren etwa 5 Minuten braten. Dann den Spinat, die Fleisch- oder Gemüsebrühe und die Crème fraîche dazugeben und die Suppe mit Salz und Pfeffer pikant abschmecken. Die Suppe zugedeckt bei mittlerer Hitze etwa 5 Minuten garen, bis sie heiß ist und der Spinat zusammengefallen ist. Die Suppe eventuell noch einmal mit Salz und Pfeffer abschmecken, dann in vorgewärmte Teller füllen und sofort servieren.

Misosuppe mit Gemüsejulienne und Mu-Err-Pilzen

Für 3 Personen:

10 g Mu-Err-Pilze
¼ l lauwarmes Wasser
2 junge Möhren
1 Bund Frühlingszwiebeln
1 Zucchino
1 Bund Dill
½ l milde Gemüsebrühe
etwa 1 EL Miso

Die Pilze in einer Schüssel mit dem Wasser übergießen und etwa 4 Stunden quellen lassen. Die Pilze dann kalt abspülen und in Streifen schneiden. Das Einweichwasser aufbewahren.
Die Möhren schälen, putzen und in feine Streifen schneiden. Die Frühlingszwiebeln waschen, putzen und mit etwa zwei Dritteln des zarten Grüns in feine Ringe schneiden. Zucchino waschen, putzen und in Stifte schneiden. Dill waschen, trockenschwenken und ohne die groben Stiele fein hacken.
Gemüsebrühe und Einweichwasser der Pilze in einem Topf mischen und zum Kochen bringen. Das Gemüse und die Pilze hinzufügen und zugedeckt bei mittlerer Hitze etwa 5 Minuten garen, bis die Möhren bißfest sind. Topf von der Kochstelle ziehen. Das Miso unterrühren, die Suppe darf nicht mehr kochen. Suppe mit dem Dill bestreut in vorgewärmten Tellern servieren.

Anmerkung: Miso bekommen Sie im Naturkostladen und in manchen Reformhäusern sowie in asiatischen Feinkostgeschäften. Sie können wählen zwischen drei Sorten: *Mugi-Miso* wird aus Sojabohnenpaste, Gerste, Wasser, Salz und Fermentierungsmittel hergestellt. Außerdem gibt es noch *Hatcho-Miso* aus Sojabohnen und *Genmai-Miso* aus Reis und Sojabohnen. Miso ist unterschiedlich kräftig im Geschmack. Geben Sie deshalb am besten erst etwas weniger in die Suppe und würzen Sie anschließend eventuell noch etwas nach.

Kräutersuppe mit Morcheln

10 g getrocknete Spitzmorcheln
1 l Wasser
1 Stange Lauch
200 g junge Möhren
1 große Petersilienwurzel
1 Fenchel
400 g Staudensellerie
2 Tomaten
1 Zwiebel
1 Knoblauchzehe
1 Lorbeerblatt
einige Pfefferkörner
100 g gemischte Kräuter (z. B. Petersilie, Kerbel, Brunnenkresse, Zitronenmelisse und Salbei)
Salz
2 mehligkochende Kartoffeln
1 EL Butter
1 Eigelb
100 g süße Sahne
frischgemahlener schwarzer Pfeffer

Die Morcheln in einem Schälchen mit ¼ l Wasser übergießen, dann etwa 6 Stunden bei Zimmertemperatur quellen lassen.
Inzwischen für die Gemüsebrühe Lauch, Möhren, Petersilienwurzel, Fenchel, Sellerie und Tomaten waschen, putzen oder schälen und grob zerkleinern. Zwiebel und Knoblauch schälen und ebenfalls grob hacken.
Morcheln in einem Sieb kalt abspülen. Das Einweichwasser durch eine Kaffeefiltertüte gießen. Gemüse, Zwiebel, Knoblauch und Pfefferkörner mit dem Einweichwasser der Pilze und dem restlichen Wasser in einen großen Topf geben und zum Kochen bringen. Brühe zugedeckt bei mittlerer Hitze etwa 30 Minuten garen, dann durch ein feinmaschiges Sieb gießen. Das Gemüse mit einem

Kochlöffel gut ausdrücken, dann wegwerfen. Gemüsebrühe mit Salz abschmecken.
Kräuter waschen, trockenschwenken und ohne die groben Stiele fein zerkleinern. Kartoffeln schälen, waschen und auf der Rohkostreibe fein raspeln. Butter in einem größeren Topf schmelzen. Kartoffelraspel darin anbraten. Gemüsebrühe angießen und zum Kochen bringen. Alles etwa 5 Minuten bei mittlerer Hitze köcheln lassen. Kräuter und Morcheln in die Suppe geben und alles noch einmal aufkochen lassen. Eigelb mit Sahne verquirlen. Topf vom Herd ziehen und die Eigelbmischung unterziehen. Die Suppe darf jetzt nicht mehr kochen, sonst gerinnt das Eigelb. Die Suppe mit Salz und Pfeffer abschmecken und in vorgewärmten Suppentellern servieren.

Kartoffelcremesuppe mit gebratenen Austernpilzstreifen

500 g mehligkochende Kartoffeln
1 Möhre
1 Petersilienwurzel
1 Stück Knollensellerie
1 Stange Lauch
1 Zwiebel
1 Knoblauchzehe
1 EL Butter

800 ccm Gemüsebrühe
150 g Austernpilze
1 EL Zitronensaft
½ Bund frischer Thymian
1 EL Olivenöl
200 g Crème fraîche
Salz
frischgemahlener weißer Pfeffer

Kartoffeln schälen, waschen und klein würfeln. Möhre, Petersilienwurzel und Sellerie ebenfalls schälen, waschen und würfeln. Lauch putzen, gründlich kalt waschen und mit dem zarten Grün in feine Ringe schneiden. Zwiebel und Knoblauchzehe schälen und fein hakken.

Butter in einem großen Topf zerlassen. Zwiebel und Knoblauch darin glasig dünsten. Möhre, Petersilienwurzel, Sellerie und Lauch hinzufügen und kurz anbraten. Kartoffeln und Gemüsebrühe dazugeben und zum Kochen bringen. Suppe zugedeckt bei schwacher Hitze etwa 35 Minuten garen, bis die Kartoffeln weich sind.
Inzwischen Austernpilze von den groben Stielen befreien, mit Küchenpapier abreiben und in Streifen schneiden. Mit dem Zitronensaft mischen. Thymian waschen, trockenschwenken und die Blättchen von den Stielen streifen. Olivenöl in einer Pfanne erhitzen. Austernpilze und Thymian hineingeben und bei mittlerer Hitze braten, bis die Pilze gebräunt sind. Zugedeckt beiseite stellen.
Suppe mit dem Pürierstab pürieren und die Crème fraîche untermischen. Mit Salz und Pfeffer abschmecken und noch einmal kurz erhitzen, aber nicht mehr kochen lassen. Suppe in vorgewärmte Teller geben. Pilze mit Salz und Pfeffer würzen und auf der Kartoffelsuppe verteilen. Sofort servieren.

Spargelragout mit Shiitake

1 kg weißer Spargel
Salz
1 Prise Zucker
300 g Shiitake-Pilze
1 EL Zitronensaft
1 Schalotte

1 EL Butter
1 Bund Basilikum
200 g Crème fraîche
frischgemahlener weißer Pfeffer

Den Spargel schälen, unter fließendem Wasser waschen und in mundgerechte Stücke schneiden. Die Spargelköpfchen beiseite legen. Die restlichen Stücke in kochendes Salzwasser mit Zucker geben und bei mittlerer Hitze etwa 10 Minuten garen. Dann die Spargelköpfchen dazugeben und alles weitere 5 Minuten garen, bis der Spargel bißfest ist.
Inzwischen die Pilze mit Küchenpapier gründlich abreiben, von den dicken Stielen befreien und je nach Größe halbieren oder vierteln. Die Pilze mit dem Zitronensaft beträufeln. Die Schalotte schälen und fein hacken. Das Basilikum waschen und trockenschwenken. Die Blättchen von den Stielen zupfen und in feine Streifen schneiden. Den gegarten Spargel abtropfen lassen.
Die Butter in einem Topf schmelzen lassen. Die Schalotte darin glasig dünsten. Die Pilze hinzufügen und unter Rühren braten, bis die Flüssigkeit, die sich dabei bildet, wieder verdampft ist. Die Crème fraîche, den Spargel und das Basilikum dazugeben und alles noch einmal kurz erwärmen. Das Ragout mit Salz und Pfeffer abschmecken und sofort servieren.
Beilage: Salz- oder Pellkartoffeln.

Shiitake-Parfait mit Lachs (Rezept S. 17, Zubereitung ▷ s. Abb. S. 49)

Zubereitung des Shiitake-Parfaits mit Lachs

Und so wird's gemacht:
Die Förmchen einfetten und mit Spinatblättern auskleiden.
Dann die Hälfte der Pilzfarce und den in Stücke
geschnittenen Lachs darin verteilen.
Mit den übrigen Spinatblättern und der restlichen Farce
bedecken. Rezept s. Seite 17.

Zuckerschoten-Morchel-Ragout

Für 2 Personen:

10 g getrocknete Spitzmorcheln
1 Schalotte
500 g Zuckerschoten
1 EL Butter

100 g Crème fraîche
Salz
frischgemahlener weißer Pfeffer
1 TL Zitronensaft
1 EL Kerbelblättchen

Die Morcheln in eine Schüssel geben, mit lauwarmem Wasser bedecken und zugedeckt etwa 6 Stunden quellen lassen. Die Pilze dann gründlich abspülen. (Das Einweichwasser eventuell durch eine Filtertüte gießen und für ein anderes Gericht verwenden.)
Die Schalotte schälen und fein hacken. Die Zuckerschoten waschen und eventuell von den Fäden befreien.
Die Butter in einem Topf erhitzen. Die Schalotten darin glasig dünsten. Die Morcheln hinzufügen und kurz mitbraten. Dann die Zuckerschoten und die Crème fraîche dazugeben. Alles mit Salz, Pfeffer und dem Zitronensaft abschmecken. Das Gemüse zugedeckt bei mittlerer Hitze garen, bis die Zuckerschoten bißfest sind. Das Zuckerschotenragout eventuell noch einmal abschmecken, dann mit dem Kerbel bestreut servieren.
Beilage: körnig gekochter Reis, eventuell mit Wildreis vermischt.

Scharfe Sahnesuppe mit Spinat und Mu-Err-Pilzen

5—6 Mu-Err-Pilze
1 Schalotte
1 Knoblauchzehe
1 kleine rote Pfefferschote
300 g Blattspinat
1 TL Kurkuma
1 TL gemahlener Kreuzkümmel
1 TL gemahlener Koriander
1 TL gemahlener Safran
Salz
1 EL Butter
1 EL Mehl
1 l Gemüse- oder Fleischbrühe
125 g süße Sahne
1 Bund Petersilie

Mu-Err-Pilze in einem Schälchen mit lauwarmem Wasser übergießen und etwa 4 Stunden quellen lassen. Pilze dann in einem Sieb kalt abspülen, abtropfen lassen und in Streifen schneiden.

Schalotte und Knoblauch schälen und fein hacken. Pfefferschote vom Stielansatz befreien und längs durchschneiden. Alle Kerne gründlich entfernen. Schotenhälften kalt abspülen und fein hacken. Spinat von allen welken Blättern und den groben Stielen befreien und in stehendem kalten Wasser mehrmals gründlich waschen. Spinat dann abtropfen lassen und in feine Streifen schneiden. Alle Gewürze in einem Schälchen mischen.

Butter in einem Suppentopf erhitzen. Schalotte, Knoblauch, Pilze, Spinat, Pfefferschote und Gewürze darin bei mittlerer Hitze einige Minuten unter Rühren garen. Mehl darüber stäuben und kurz anschwitzen. Brühe unter Rühren hinzugießen und zum Kochen bringen. Suppe zugedeckt etwa 5 Minuten köcheln lassen. Inzwischen Petersilie waschen, trockenschwenken und ohne die groben Stiele fein hacken. Sahne unter die Suppe rühren. Die Suppe eventuell etwas nachwürzen, dann mit der

Petersilie bestreut in vorgewärmten Suppentellern servieren.

Anmerkung: Viele Suppen schmecken mit frischgekochter Gemüsebrühe am besten, da sie milder ist als Fleisch- oder Hühnerbrühe. Auch Brühe aus Würfeln ist meist zu stark gewürzt und salzig. Eine **Gemüsebrühe** können Sie ganz leicht selbst kochen:
Dafür etwa 1,5 kg gemischtes Gemüse wie Möhren, Fenchel, Lauch, Knollen- oder Stangensellerie, Weißkraut und eventuell Tomaten putzen oder schälen und fein zerkleinern. Dann mit frischen oder getrockneten Kräutern, einigen Pfefferkörnern und je 2 Gewürznelken und Wacholderbeeren in einen großen Topf geben. 1½ l Wasser angießen und zum Kochen bringen. Alles zugedeckt bei mittlerer Hitze etwa 30 Minuten garen. Die Brühe dann durch ein mit einem Tuch ausgelegtes Sieb gießen. Gemüse mit einem Kochlöffel gut ausdrücken, dann wegwerfen. Gemüsebrühe mit Salz abschmecken und weiterverwenden oder einen Teil davon einfrieren.

Gemüsetopf mit Hühnerfleisch und Champignons

Für 3 Personen:

100 g junge Möhren
1 Kohlrabi
1 rote Paprikaschote
150 g Champignons
½ EL Zitronensaft
doppeltes entbeintes
Hühnerbrüstchen (etwa 250 g)

1 EL Butter
½ EL Mehl
100 ccm trockener Weißwein oder Hühnerbrühe
100 g süße Sahne
Salz
frischgemahlener weißer Pfeffer
1 Eigelb
1—2 EL Zitronensaft

Die Möhren und den Kohlrabi schälen, waschen und in Stifte schneiden. Die Paprikaschote waschen, putzen und in Streifen schneiden. Die Pilze putzen und eventuell kurz kalt abspülen, dann blättrig schneiden. Das Hähnchenfleisch gegebenenfalls häuten, dann kalt abspülen, trockentupfen und in mundgerechte Stücke schneiden. Die Butter in einem Topf erhitzen. Das Gemüse und die Pilze hinzufügen und einige Minuten unter Rühren andünsten. Das Mehl untermischen und alles noch kurz unter Rühren weiterdünsten. Alles mit Salz und Pfeffer würzen und unter gelegentlichem Umrühren bei mittlerer Hitze garen, bis die Flüssigkeit etwas eingekocht und das Gemüse bißfest ist. Die Fleischstücke unter das Gemüse mischen und zugedeckt bei schwacher Hitze etwa 4 Minuten garen, bis sie sich hell gefärbt haben. Das Eigelb mit dem Zitronensaft verquirlen. Die Eigelbmischung unter das Gemüse rühren. Den Gemüsetopf eventuell noch einmal mit Salz und Pfeffer nachwürzen, dann servieren.
Beilage: Reis.

Kartoffelgulasch mit Mangold und Shiitake

600 g Kartoffeln
Salz
200 g Shiitake-Pilze
300 g Mangold
1 Zwiebel
2 Knoblauchzehen
20 g Butter

⅛ l Hühnerbrühe
frischgemahlener weißer Pfeffer
frischgeriebene Muskatnuß
150 g Crème fraîche
1 Bund Basilikum
½ Bund Petersilie

Kartoffeln schälen, waschen und klein würfeln. In Salzwasser 15 Minuten garen, abgießen und ausdämpfen lassen.
Inzwischen die Pilze mit Küchenpapier gut abreiben und von den harten Stielen befreien. Die Pilze in Stücke schneiden. Mangold putzen und waschen. Blätter von den Stielen schneiden und grob hacken. Stiele in schmale Streifen schneiden.
Zwiebel und Knoblauchzehen schälen und fein hacken. Im heißen Butterschmalz glasig braten. Pilze und Mangoldstiele dazugeben und unter Rühren anbraten. Hühnerbrühe angießen und die Mangoldblätter untermischen. Alles mit Salz, Pfeffer und Muskat würzen und zugedeckt bei schwacher Hitze etwa 10 Minuten garen.
Die Kartoffeln unter das Pilzragout mischen, Crème fraîche einrühren und alles noch einmal erhitzen. Basilikum und Petersilie waschen, trockenschwenken und ohne die groben Stiele fein zerkleinern. Das Kartoffelgulasch damit bestreuen und sofort servieren.

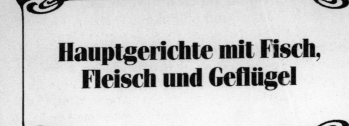

Hauptgerichte mit Fisch, Fleisch und Geflügel

Fisch in der Folie mit Pilzen und Frühlingszwiebeln

800 g Seelachsfilets
Saft von 1 kleinen Zitrone
Salz
frischgemahlener weißer
Pfeffer
1 Knoblauchzehe
2—3 Bund Frühlings-
zwiebeln

300 g Champignons oder
Egerlinge
1 EL Butter
200 g Crème fraîche
1 EL Cognac
½ Bund Petersilie
½ Bund Basilikum

Seelachsfilets kalt abspülen und trockentupfen. Mit dem Zitronensaft beträufeln und mit Salz und Pfeffer würzen. Knoblauch schälen und sehr fein hacken. Frühlingszwiebeln putzen, gründlich unter fließendem Wasser waschen und mit zwei Dritteln des zarten Grüns in dünne Ringe schneiden. Pilze putzen und eventuell kurz kalt abspülen, dann blättrig schneiden.
Auf der Arbeitsfläche ein großes Stück extrastarke Alufolie ausbreiten. Frühlingszwiebeln, Knoblauch und Pilze in der Mitte der Folie verteilen und mit Salz und Pfeffer

würzen. Fischfilets darüber legen und mit der Butter in Flöckchen belegen. Alufolie über den Fisch zusammenklappen und an den Seiten gut verschließen. Fisch auf dem Bratrost im vorgeheizten Backofen bei 220°C auf der mittleren Schiene etwa 30 Minuten garen.
Folie öffnen und die Flüssigkeit, die sich darin angesammelt hat, in einen Topf gießen. Frühlingszwiebeln, Pilze und Fisch im abgeschalteten Backofen warm halten. Crème fraîche und Cognac mit der Sauce mischen und alles bei starker Hitze unter Rühren cremig einkochen lassen. Kräuter waschen, trockenschwenken und ohne die groben Stiele fein hacken. Sauce mit Salz und Pfeffer abschmecken und die Kräuter untermischen. Frühlingszwiebeln, Pilze und Fisch auf eine vorgewärmte Platte geben und die Sauce gesondert dazu servieren.
Beilage: Salzkartoffeln oder körnig gegarter Reis.

Anmerkung: In der Folie gegart, bleibt Fisch wunderbar saftig und der Garsud schmeckt besonders intensiv. Statt Seelachs können Sie viele andere Fische verwenden, wie zum Beispiel Seeteufel (Mittelstück), Lachs (Schwanzstück), Heilbutt oder Kabeljaufilets.

Gemüse mit chinesischen Pilzen und Fischstreifen

Für 2.—3 Personen:

6 getrocknete Mu-Err-Pilze
200 g junge Möhren
1 Bund Frühlingszwiebeln
1 gelbe Paprikaschote
100 g junge Zucchini
200 g Forellenfilets
Saft von ½ Limone

1 Schalotte
1 Knoblauchzehe
1 EL geschmacksneutrales Öl
5 EL Gemüsebrühe
¼ Bund Pfefferminze
Salz
frischgemahlener weißer Pfeffer

Die Pilze in ein Schälchen geben, mit lauwarmem Wasser übergießen und etwa 5 Stunden quellen lassen. Pilze dann kalt abspülen und in schmale Streifen schneiden.
Möhren putzen, schälen und in feine Streifen (Julienne) schneiden. Frühlingszwiebeln gründlich kalt abspülen und mit etwa zwei Dritteln des zarten Grüns ebenfalls in feine Streifen schneiden. Paprikaschote waschen und vierteln. Den Stielansatz sowie die Trennwände mit den Kernen entfernen. Schotenviertel in dünne Streifen schneiden. Zucchini von Stiel- und Blütenansätzen befreien, waschen und in feine Stifte schneiden.
Forellenfilets kalt abspülen, trockentupfen und in schmale Streifen schneiden. Den Fisch mit dem Zitronensaft mischen und zugedeckt beiseite stellen.
Schalotte und Knoblauchzehe schälen und fein hacken. Öl in einer Pfanne hinzufügen und kurz mitbraten. Das gesamte Gemüse hinzufügen und die Gemüsebrühe untermischen. Das Gemüse zugedeckt bei schwacher Hitze bißfest garen.
Inzwischen die Pfefferminze waschen, trockenschwenken und ohne die groben Stiele in feine Streifen schnei-

den. Das Gemüse mit Salz und Pfeffer abschmecken. Die Fischstreifen mit der Pfefferminze mischen und auf das Gemüse legen. Den Fisch auf dem Gemüse in etwa 3 Minuten zugedeckt garen. Nicht umrühren.
Beilage: Salzkartoffeln.

Anmerkung: Statt mit Forellenfilets schmeckt dieses Gericht auch gut mit Lachsstreifen oder Schollenfilets.

Lammbraten mit Pilzen und Tomaten

Für 5—6 Personen:

1 kg Lammschulter ohne Knochen
Salz
frischgemahlener
schwarzer Pfeffer
2 Zwiebeln
1 Knoblauchzehe

250 g Champignons oder Egerlinge
600 g Tomaten
1—2 EL Olivenöl
⅛ l trockener Rotwein
2 EL Marsala
1 Bund Petersilie
2—3 EL Crème fraîche

Lammfleisch von größeren Fettstellen befreien, kalt abspülen, trockentupfen und rundherum gründlich mit Salz und Pfeffer einreiben. Zwiebeln und Knoblauchzehe schälen und sehr fein hacken. Champignons putzen, kalt abspülen und vierteln. Tomaten mit kochendem Wasser überbrühen, kurz darin ziehen lassen, kalt abschrecken und häuten. Dann in kleine Würfel schneiden, dabei die Stielansätze entfernen.
Öl in einem großen Schmortopf mit Deckel erhitzen. Lammschulter darin rundherum knusprig anbraten. Zwiebeln, Knoblauch und Pilze hinzufügen und kurz mitbraten. Wein angießen. Lammschulter zugedeckt bei schwa-

cher Hitze etwa 1 Stunde schmoren. Dabei nach der Hälfte der Zeit die Tomaten und den Marsala hinzufügen.
Kurz vor Ende der Garzeit die Petersilie waschen, trockenschwenken und ohne die groben Stiele fein hacken. Den Lammbraten aus der Form nehmen, in Alufolie wickeln und etwa 10 Minuten ruhen lassen. Das Pilz-Tomaten-Gemüse mit der Petersilie und der Crème fraîche verfeinern und mit Salz und Pfeffer abschmecken. Gemüse eventuell noch einmal erhitzen. Den Braten aus der Folie wickeln, in Scheiben schneiden und auf einer vorgewärmten Platte anrichten. Das Tomaten-Pilz-Gemüse dazu servieren.
Beilage: Reis oder gebratene neue Kartoffeln und gemischter Salat.

Rinderfilet in Blätterteig

Für 6 Personen:

300 g TK-Blätterteig
300 g Spinat
1 kg Rinderfilet (möglichst an allen Stellen gleich dick)
1—2 EL geschmacksneutrales Öl
200 g Champignons
1 Schalotte
1 Knoblauchzehe

1 Bund Basilikum
1 EL Zitronensaft
6 EL süße Sahne
Salz
frischgemahlener weißer Pfeffer
1 Eigelb
1 EL Milch

Für die Arbeitsfläche:
Mehl

Die Blätterteigplatten nebeneinander auf die Arbeitsfläche legen und auftauen lassen.
Inzwischen Spinat von allen welken Blättern und den groben Stielen befreien und in stehendem kalten Wasser

mehrmals gründlich waschen. Spinat in sprudelnd kochendem Salzwasser etwa 2 Minuten blanchieren, dann kalt abschrecken, gut ausdrücken und grob hacken.
Rinderfilet kalt abspülen und mit Küchenpapier trockentupfen. Öl in einer großen Pfanne erhitzen und das Filet darin rundherum in etwa 5 Minuten kräftig anbraten. Das Filet aus der Pfanne nehmen und beiseite stellen.
Champignons putzen, waschen und klein würfeln. Schalotte und Knoblauch schälen und sehr fein hacken. Basilikum waschen, trockenschwenken und ohne die groben Stiele ebenfalls sehr fein hacken. Den Spinat mit den Pilzen, der Schalotte, dem Knoblauch, dem Basilikum, dem Zitronensaft und der Sahne zu einer glatten Masse verrühren. Die Mischung mit Salz und Pfeffer abschmecken. Den Backofen auf 200°C vorheizen.
Die Blätterteigplatten aufeinanderlegen und auf der leicht bemehlten Arbeitsfläche zu einem dünnen Rechteck ausrollen. Das Rinderfilet rundherum mit Salz und Pfeffer würzen. Etwa ein Drittel der Pilzmischung in der Mitte der Teigplatte verstreichen. Das Rinderfilet darauf legen und mit der restlichen Masse bedecken. Die Teigränder mit kaltem Wasser bepinseln. Den Teig über dem Filet zusammenklappen und die Ränder gut zusammendrücken.
Die Fettpfanne oder das Backblech kalt abspülen und nicht abtrocknen. Das Teigpaket darauf legen. Das Filet auf der mittleren Schiene etwa 40 Minuten garen, bis der Teig schön gebräunt ist. Dabei nach etwa 10 Minuten das Eigelb mit der Milch verquirlen und den Teig damit bestreichen. Das Rinderfilet etwa 5 Minuten im abgeschalteten Backofen stehenlassen. Das Filet vor dem Servieren mit einem scharfen Messer in Scheiben schneiden und auf einer vorgewärmten Platte anrichten.
Beilage: gemischter Salat und gedünstetes Gemüse.

Lachskoteletts
mit Morchel-Tomaten-Gemüse

10 g getrocknete Spitzmorcheln
400 g Tomaten
1 Schalotte
1 Knoblauchzehe
4 Lachskoteletts von je etwa 200 g
Saft von ½ Zitrone
Salz
frischgemahlener weißer Pfeffer
1 Bund Petersilie
1 EL Butter
2 EL Crème fraîche

Morcheln in einem Schälchen mit lauwarmem Wasser bedecken und etwa 6 Stunden quellen lassen. Die Morcheln dann in einem Sieb gründlich abspülen. (Das Einweichwasser können Sie für ein anderes Gericht, beispielsweise eine Suppe verwenden; vorher durch eine Kaffeefiltertüte gießen).
Tomaten mit kochendem Wasser übergießen, kurz ziehen lassen, kalt abschrecken und häuten. Dann klein würfeln, dabei von den Stielansätzen und den Kernen befreien. Schalotte und Knoblauch schälen und fein hakken. Lachskoteletts kalt abspülen und trockentupfen, dann mit dem Zitronensaft beträufeln und mit Salz und Pfeffer würzen. Petersilie waschen, trockenschwenken und ohne die groben Stiele fein hacken.
Butter in einer Pfanne erhitzen. Lachskoteletts darin von jeder Seite etwa 2½ Minuten braten. Dann im auf 50 °C vorgeheizten Backofen zugedeckt warm halten.
Schalotte, Knoblauch und Morcheln ins Bratfett geben und braten, bis die Schalotte glasig ist. Tomaten und Petersilie hinzufügen und erhitzen. Crème fraîche untermischen. Sauce mit Salz und Pfeffer abschmecken und bei starker Hitze auf die gewünschte Konsistenz einkochen lassen. Morchelsauce zu den Lachskoteletts servieren.
Beilage: Salzkartoffeln oder Stangenweißbrot.

Fischragout mit Paprikaschoten und Pilzen

600 g grüne, gelbe und rote Paprikaschoten (gemischt)
1 große Zwiebel
1—2 Knoblauchzehen
200 g Austernpilze
2 EL Butter
Salz
frischgemahlener weißer Pfeffer
500 g Kabeljaufilet
2 EL Zitronensaft
150 g Crème fraîche
1 Bund Schnittlauch

Paprikaschoten waschen, vierteln, von Stielansätzen, Kernen und den Trennwänden befreien und in Würfel schneiden. Zwiebel und Knoblauch schälen und fein hacken. Austernpilze mit Küchenpapier abreiben, von den dicken Stielen befreien und in Streifen schneiden.
Butter in einem Topf erhitzen und die Zwiebel und den Knoblauch darin glasig dünsten. Paprikawürfel und Pilzstreifen dazugeben und kurz mitschmoren. Mit Salz und Pfeffer würzen und zugedeckt bei schwacher Hitze in etwa 5 Minuten bißfest garen.
Inzwischen das Fischfilet kalt abspülen, trockentupfen und in mundgerechte Stücke schneiden. Mit dem Zitronensaft beträufeln, auf das Paprikagemüse legen und zugedeckt etwa 5 Minuten ziehen lassen. Crème fraîche unter das Fischragout rühren, mit Salz und Pfeffer würzen. Schnittlauch waschen, trockentupfen und in feine Röllchen schneiden. Fischragout noch einmal mit Salz und Pfeffer abschmecken und mit dem Schnittlauch bestreut sofort auf vorgewärmten Tellern servieren.
Beilage: körnig gegarter Reis.

Gefüllte Lammkeule mit Austernpilzgemüse

(Foto Seite 96)

Für 4—6 Personen:

200 g Frischkäse
4 EL Semmelbrösel
4 Knoblauchzehen
1 Eigelb
1 Bund Petersilie
2 Bund Basilikum
1 Bund Schnittlauch
Salz
frischgemahlener weißer Pfeffer
1 Prise Cayennepfeffer

1 Lammkeule (etwa 1 kg, vom Metzger Knochen herauslösen und zum Rollen vorbereiten lassen)
3 EL Olivenöl
1 Zweig Thymian
1 Zweig Rosmarin
1 Lorbeerblatt
³⁄₈ l trockener Weißwein
600 g Austernpilze
1 Bund Frühlingszwiebeln
3 EL Crème fraîche

Frischkäse mit den Semmelbröseln in eine Schüssel geben. Knoblauch schälen, durch die Knoblauchpresse drücken und dazugeben. Das Eigelb hinzufügen und untermengen. Die Petersilie, das Basilikum und den Schnittlauch kalt abspülen, trockentupfen und fein schneiden. Die Kräuter unter die Frischkäsemasse heben und diese mit Salz und Pfeffer abschmecken.

Die Lammkeule mit der Schwarte nach unten auf der Arbeitsfläche ausbreiten, salzen, pfeffern und gleichmäßig mit der Füllung bestreichen. Dabei rundherum einen Rand von etwa 2 cm freilassen. Das Fleisch von der Schmalseite her aufrollen und mit Küchengarn umwickeln. Das Fleisch rundherum mit Salz und Pfeffer einreiben. Den Backofen auf 220°C vorheizen.

Das Olivenöl in einem Topf erhitzen und die Lammkeule darin unter Wenden in etwa 20 Minuten kräftig anbraten.

Den Thymian, den Rosmarin und das Lorbeerblatt hinzufügen, den Bratfond mit dem Weißwein ablöschen. Die Lammkeule im vorgeheizten Backofen etwa 50 Minuten schmoren, dabei immer wieder mit dem Wein übergießen.

Die Austernpilze mit Küchenpapier abreiben, kleine Pilze ganz lassen, große halbieren. Frühlingszwiebeln putzen, waschen und mit etwa zwei Drittel des zarten Grüns in nicht zu schmale, schräge Stücke schneiden. Die Pilze und die Frühlingszwiebeln 25 Minuten vor Garzeitende um die Keule streuen, salzen und pfeffern.

Den Braten aus dem Topf nehmen, in Alufolie packen und 10 Minuten ruhen lassen. In dieser Zeit verteilt sich der Fleischsaft im Inneren des Bratens und läuft später beim Anschneiden nicht so stark aus. Die Austernpilze und die Frühlingszwiebeln herausnehmen und zugedeckt warm halten.

Die Sauce durch ein Sieb in einen weiten Topf umgießen, die Crème fraîche unterrühren. Die Sauce bei starker Hitze unter Rühren auf die gewünschte Konsistenz einkochen. Die Lammkeule in fingerdicke Scheiben schneiden, auf eine vorgewärmte Platte legen und das Austernpilzgemüse daneben anrichten. Die Sauce getrennt dazu reichen.

Beilage: gebratene neue Kartoffeln oder einfach nur Stangenweißbrot.

Kalbsfilet in Morchelsahne

20 g getrocknete Spitzmorcheln
¼ l Wasser
8 Scheiben Kalbsfilet von je etwa 80 g
2 kleine Zwiebeln
2 EL geschmacksneutrales Öl
50 g Butter

2 TL Cognac
2—3 EL trockener Weißwein
200 g Crème fraîche
1 gehäufter EL geschlagene Sahne
Salz
frischgemahlener weißer Pfeffer

Spitzmorcheln in ein Schälchen geben, mit dem Wasser übergießen und zugedeckt 6 Stunden einweichen. Pilze aus dem Wasser nehmen und in einem Sieb unter fließendem kalten Wasser gründlich abspülen. Das Einweichwasser der Pilze durch eine Kaffeefiltertüte gießen, dann für die Sauce beiseite stellen.

Kalbsfilets trockentupfen. Die Zwiebeln schälen und sehr fein hacken. Öl in einer Pfanne bei starker Hitze erhitzen. Die Temperatur zurückschalten und 1 EL der Butter dazugeben. Die Butter bei mittlerer Hitze zerlassen, aber nicht bräunen. Kalbfleisch im Öl-Butter-Gemisch von beiden Seiten insgesamt 3—4 Minuten braten. Fleischscheiben aus der Pfanne nehmen und in Alufolie gewickelt warm stellen.

Das Bratfett bis auf einen dünnen Film aus der Pfanne gießen. Die restliche Butter (bis auf ½ EL) dazugeben und erhitzen. Zwiebeln darin unter Rühren glasig braten. Morcheln zugeben und 1 Minute unter ständigem Wenden braten. Cognac und Wein in die Pfanne gießen und den Bratfond damit lösen. Abwechselnd das Einweichwasser der Pilze und die Crème fraîche nach und nach hinzufügen. Die Sauce dabei unter ständigem Rühren bei starker Hitze immer wieder einkochen lassen, bis sie

Friséesalat mit Austernpilzen und Shrimps ▷
(Rezept S. 14)

sämig und dickflüssig ist. Die restliche Butter in Flöckchen teilen und mit dem Schneebesen unter die Sauce schlagen. Die geschlagene Sahne unterrühren. Sauce mit Salz und Pfeffer abschmecken. Kalbfleisch auf vier vorgewärmten Tellern anrichten und mit der Morchelsahne umgießen.
Beilage: Reis oder Salzkartoffeln.

Pfannengerührtes Rindfleisch mit Mu-Err-Pilzen

4—5 Mu-Err-Pilze
500 g Rinderfilet
2 EL trockener Sherry
2 EL Sojasauce
1 Schalotte
3 Stangen Sellerie
1 Bund Frühlingszwiebeln
200 g Champignons
1 EL Zitronensaft
1 EL Öl
Salz
frischgemahlener
schwarzer Pfeffer
1 Bund Petersilie

Mu-Err-Pilze in ein Schälchen geben, mit lauwarmem Wasser bedecken und etwa 4 Stunden quellen lassen. Rinderfilet in feine Streifen schneiden, mit dem Sherry und der Sojasauce mischen und etwa 2 Stunden marinieren. Dabei gelegentlich durchrühren.
Gequollene Pilze in einem Sieb kalt abspülen, dann abtropfen lassen und in Streifen schneiden. Schalotte schälen und fein hacken. Sellerie von den harten Fasern befreien, waschen und in feine Streifen schneiden. Frühlingszwiebeln putzen, waschen und mit dem zarten Grün in feine Ringe schneiden. Champignons putzen und eventuell kurz kalt abspülen, dann blättrig schneiden. Mit dem Zitronensaft mischen, damit sie sich nicht zu stark verfärben.

◁ Austernpilzessenz mit Blätterteighaube
(Rezept S. 40)

Rindfleisch aus der Marinade nehmen, abtropfen lassen und trockentupfen. Öl in einer Pfanne erhitzen. Schalotte darin glasig braten. Fleischstreifen hinzufügen und etwa 2 Minuten braten. Dann aus der Pfanne nehmen und zugedeckt beiseite stellen. Sellerie, Frühlingszwiebeln und beide Pilzsorten in die Pfanne geben und unter Rühren ebenfalls 2 Minuten braten. Marinade dazugeben und das Gemüse zugedeckt etwa 4 Minuten garen. Fleisch wieder dazugeben, alles mit Salz und Pfeffer würzen und noch einmal erhitzen.

Inzwischen die Petersilie waschen, trockenschwenken und ohne die groben Stiele fein hacken. Das Rindfleisch mit der Petersilie bestreut auf vorgewärmten Tellern servieren.

Beilage: Reis oder Kartoffeln.

Anmerkung: Wenn Sie lieber ohne Alkohol kochen, lassen Sie den Sherry einfach weg und marinieren das Fleisch statt dessen mit Sojasauce und etwas Zitronensaft.

Kabeljau in Pilzsahne

Für 3—4 Personen:

600 g Kabeljaufilets
Saft von ½ Zitrone
Salz
500 g gemischte Pilze
(Champignons, Austernpilze und Shiitake)

1 Bund Petersilie
150 g Crème fraîche
frischgemahlener weißer
Pfeffer

Kabeljaufilets waschen, trockentupfen, in kleinere Stücke schneiden und mit dem Zitronensaft beträufeln. Fischstücke in eine feuerfeste Form geben. Backofen auf 200°C vorheizen.
Pilze putzen und eventuell kurz waschen oder mit Küchenpapier trockentupfen, dann grob zerkleinern. Petersilie waschen, trockenschwenken und ohne die groben Stiele fein hacken. Pilze mit Petersilie und Crème fraîche mischen, mit Salz und Pfeffer abschmecken und über den Fischstücken verteilen. Form auf die mittlere Schiene des Ofens geben und den Fisch etwa 15 Minuten garen. In der Form servieren.
Beilage: Salzkartoffeln.

Anmerkung: Statt gemischten Pilzen können Sie natürlich auch nur eine Sorte verwenden. In diesem Fall schmecken Champignons oder Egerlinge am besten.

Schwarze Bohnen mit Shiitake und Lamm

150 g schwarze Bohnen
2 Knoblauchzehen
1 Lorbeerblatt
1 getrocknete Chilischote
etwa ¼ l Gemüsebrühe
¼ l trockener Rotwein
400 g Tomaten
1 EL Sonnenblumenöl
350 g gehacktes Lammfleisch

Salz
frischgemahlener schwarzer Pfeffer
1 Prise Zucker
1 Bund Basilikum
200 g Shiitake-Pilze
1—2 EL Butter
1 EL Zitronensaft

Bohnen kalt abspülen und mit kaltem Wasser bedeckt über Nacht einweichen. Am nächsten Tag Knoblauchzehen schälen. Bohnen abtropfen lassen und mit dem Knoblauch, dem Lorbeerblatt, der zerriebenen Chilischote, der Gemüsebrühe und dem Rotwein zum Kochen bringen. Dann zugedeckt 1½ Stunden bei mittlerer Hitze kochen.

Inzwischen die Tomaten mit kochendem Wasser überbrühen, kurz darin ziehen lassen, kalt abschrecken und häuten. Die Tomaten von Stielansätzen befreien und in kleine Würfel schneiden.

Das Öl in einer Pfanne erhitzen. Lammfleisch zugeben und mitbraten, bis es sich grau färbt. Tomaten untermischen und alles mit Salz, Pfeffer und Zucker würzen. Unter Rühren bei starker Hitze etwa 5 Minuten braten, bis ein Teil der Flüssigkeit verdampft ist.

Basilikum waschen, trockenschwenken und die Blättchen in feine Streifen schneiden. Shiitake mit Küchenpapier abreiben, von den dicken Stielen befreien und vierteln. Butter mit Zitronensaft in einer Pfanne erhitzen und die Pilze darin unter Rühren einige Minuten braten. Pilze

salzen und pfeffern, dann mit der Lamm-Tomaten-Mischung und dem Basilikum unter die Bohnen mischen. Das Lorbeerblatt entfernen, alles eventuell noch einmal mit Salz und Pfeffer abschmecken und sofort servieren.
Beilage: körnig gegarter Reis.

Coq au vin

*1 Hähnchen von etwa
1,3 kg
75 g durchwachsener
Räucherspeck
3 Zwiebeln
3 EL Öl
2 EL Butter
Salz
frischgemahlener weißer
Pfeffer*

*1 EL Mehl
½ l trockener, kräftiger
Rotwein
1 Bund Petersilie
2 Zweige Thymian
1 Lorbeerblatt
200 g Schalotten
400 g Champignons
Saft von 1 Zitrone*

Hähnchen in 8 Stücke teilen, abspülen und abtrocknen. Speck von der Schwarte und allen Knorpeln befreien und in kleine Würfel schneiden. Zwiebeln schälen und würfeln.
2 EL Öl und 1 EL Butter in einem Schmortopf erhitzen, den Speck darin bei schwacher Hitze auslassen. Die Würfel herausnehmen und beiseite stellen. Zwiebeln in dem Fett leicht bräunen, ebenfalls aus dem Topf nehmen und beiseite stellen. Das restliche Öl darin erhitzen. Die Hähnchenstücke salzen, pfeffern und bei mittlerer bis starker Hitze unter Wenden rundherum anbraten. Mit Mehl bestäuben, bräunen lassen und die Zwiebeln und den Speck wieder untermischen. Den Backofen auf 180°C vorheizen.
Kräuter waschen und trockenschwenken. Den Wein zu

den Hähnchenstücken gießen. Den Bratfond unter Rühren loskochen, 2 Stengel Petersilie mit dem Thymian und dem Lorbeerblatt hineingeben und den Topf zugedeckt auf die untere Schiene des vorgeheizten Ofens schieben. Das Hähnchen etwa 1 Stunde schmoren lassen.
Die Schalotten schälen. Die übrige Butter in einer Pfanne zerlassen, die Schalotten hineingeben und kurz anbraten. Die Schalotten salzen, pfeffern und zugedeckt in etwa 20 Minuten nicht zu weich garen. Champignons putzen, waschen und mit dem Zitronensaft mischen. Schalotten aus der Pfanne nehmen. Pilze mit dem Zitronensaft in die Pfanne geben, salzen und pfeffern und etwa 5 Minuten dünsten.
Die Geflügelteile aus dem Topf nehmen und warm stellen. Die Petersilien- und Thymianzweige sowie das Lorbeerblatt entfernen. Die Sauce nach Wunsch entfetten. Die Geflügelteile zusammen mit den Schalotten und Pilzen wieder in die Sauce geben und zugedeckt etwa 15 Minuten im Ofen leise köcheln lassen. Mit der restlichen gehackten Petersilie bestreuen.
Beilage: Stangenweißbrot.

Anmerkung: Bei der Wahl des Weines sollten Sie nicht sparen, denn er gibt diesem Gericht die besondere Würze. Gut schmeckt beispielsweise ein roter Burgunder. Am besten wäre es, wenn Sie denselben Wein, den Sie für die Sauce verwenden, auch zum Essen servieren.

Rinderrouladen
mit Shiitake-Füllung

50 g fetter Speck
200 g Shiitake-Pilze
200 g Tomaten
1 Schalotte
4 Rinderrouladen von je etwa 150 g
2 TL scharfer Senf
Salz
frischgemahlener schwarzer Pfeffer
2 EL Sonnenblumenöl
$^{3}/_{8}$ l Fleischbrühe
150 g Crème fraîche
½ Bund Basilikum

Speck in kleine Würfel schneiden. Pilze mit Küchenpapier abreiben, von den groben Stielen befreien und in kleine Würfel schneiden. Tomaten mit kochendem Wasser überbrühen, kurz darin ziehen lassen, kalt abschrekken und häuten. Dann von den Stielansätzen befreien und in kleine Würfel schneiden. Schalotte schälen und fein hacken.

Rouladen auf der Arbeitsfläche ausbreiten, dünn mit Senf bestreichen und mit Salz und Pfeffer würzen. Die Hälfte der Pilze, den Speck und die Schalotten darauf verteilen. Rouladen an den Schmalseiten etwas nach innen klappen, aufrollen und mit Rouladennadeln feststecken oder mit Küchengarn verschnüren.

Öl in einem Schmortopf erhitzen und die Rouladen darin rundherum kräftig anbraten. Restliche Pilze dazugeben und kurz mitbraten. Fleischbrühe zugießen, Tomaten untermischen und die Rouladen bei schwacher Hitze zugedeckt etwa 1½ Stunden schmoren. Rouladen dann herausnehmen und im Backofen warm halten. Crème fraîche unter die Schmorflüssigkeit rühren und die Sauce bei starker Hitze cremig einkochen lassen. Die Sauce mit Salz und Pfeffer abschmecken und zu den Rouladen servieren.

Beilage: Salzkartoffeln.

Gebratene Austernpilze auf koreanische Art

(Foto Seite 97)

250 g Rinderfilet
2 EL Öl
2 EL Butter
Salz
frischgemahlener
schwarzer Pfeffer
1 Zwiebel
1 Knoblauchzehe

1 Möhre
1 kleine Aubergine
500 g Austernpilze
4 EL Sojasauce
2 EL Sesamöl
2 EL Sesamsamen
2 Frühlingszwiebeln

Das Rinderfilet putzen, dann zuerst in dünne Scheiben und diese in schmale Streifen schneiden. Die Zwiebel schälen und fein hacken. Den Knoblauch schälen und durch die Presse drücken. Die Möhren putzen, schälen und fein würfeln. Die Aubergine waschen, vom Stielansatz befreien und ebenfalls fein würfeln. Die Austernpilze mit Küchenpapier gründlich säubern und von den dicken Stielen befreien. Die Pilze dann in schmale Streifen schneiden.
Das Öl und die Butter in einer breiten Pfanne erhitzen. Das Fleisch darin portionsweise kräftig anbraten, salzen, pfeffern, herausnehmen und warm stellen.
Die Zwiebel im verbliebenen Bratfett andünsten. Den Knoblauch, die Möhre und die Auberginenwürfel hinzufügen und alles unter Rühren etwa 8 Minuten dünsten. Die Austernpilzstreifen untermischen und alles 1 Minute bei starker Hitze braten. Die Pilze mit Salz, Pfeffer, Sojasauce und Sesamöl würzen. Das Fleisch untermischen und erhitzen. Die Frühlingszwiebeln putzen, waschen und mit zwei Dritteln des zarten Grüns in schmale Ringe schneiden. Die Zwiebelringe kurz vor dem Servieren über das Pilzgemüse streuen.
Beilage: körnig gegarter Reis.

Lammragout auf Jägerart

Für 6 Personen:

750 g nicht zu fette Lammschulter ohne Knochen
4 Schalotten
250 g Champignons
500 g vollreife Tomaten
4 EL Öl

Salz
frischgemahlener
schwarzer Pfeffer
etwa 200 ccm trockener
Weißwein
1 Zweig frischer Rosmarin
3 EL Marsala
1 Bund Basilikum

Die Lammschulter kalt abspülen, trockentupfen und in mundgerechte Stücke schneiden. Schalotten schälen und fein würfeln. Pilze putzen und eventuell ganz kurz waschen, dann je nach Größe halbieren oder vierteln. Tomaten mit kochendem Wasser übergießen, kurz darin ziehen lassen, kalt abschrecken und häuten. Von Stielansätzen und Kernen befreien und in Stücke schneiden.
Die Hälfte des Öls erhitzen. Lammwürfel nacheinander rundherum braun anbraten. Jeweils wieder herausnehmen, mit Salz und Pfeffer würzen und im Backofen warm stellen.
Restliches Öl in die Pfanne geben und Schalotten unter Rühren darin glasig braten. Pilze zugeben und mitbraten. Wein zugießen und den Bratsatz damit loskochen. Gewaschenen Rosmarin und die Tomaten zufügen und alles einmal aufkochen. Lammwürfel wieder in die Sauce geben und zugedeckt bei schwacher Hitze etwa 1½ Stunden schmoren. Dann die Sauce im offenen Topf bei starker Hitze etwas einkochen lassen. Mit Salz, Pfeffer und dem Marsala abschmecken.
Das Basilikum waschen, trockenschwenken und ohne die groben Stiele in feine Streifen schneiden. Das Lammragout mit dem Basilikum bestreut servieren.
Beilage: Stangenweißbrot oder Reis.

Huhn nach China-Art

2 doppelte Hühner-
brüstchen
je 2 EL trockener Sherry
und Sojasauce
½ TL feingehackte unbe-
handelte Zitronenschale
1 Knoblauchzehe
1 Bund Frühlingszwiebeln

200 g Champignons
1 Bund Basilikum
1 Bund Petersilie
1 EL Öl
3 EL frischgehackte Wal-
nüsse
Gomasio zum Würzen

Hühnerbrüstchen häuten und entbeinen. Das Fleisch quer zur Faser in dünne Streifen schneiden. Das Hühnerfleisch mit dem Sherry, der Sojasauce und der Zitronenschale mischen. Das Fleisch etwa 15 Minuten ziehen lassen und dabei einige Male wenden.

Knoblauchzehe schälen und fein hacken. Die Frühlingszwiebeln gründlich waschen, putzen und mit etwa zwei Dritteln des zarten Grüns in dünne Ringe schneiden. Die Champignons putzen, gegebenenfalls kurz unter fließendem kalten Wasser waschen und blättrig schneiden. Das Basilikum und die Petersilie waschen, trockentupfen und ohne die groben Stiele in Streifen schneiden beziehungsweise fein hacken.

Hühnerfleisch aus der Marinade nehmen, abtropfen lassen und trockentupfen. Das Öl erhitzen und den Knoblauch darin bei mittlerer Hitze glasig braten. Fleischstreifen dazugeben und unter ständigem Rühren etwa 2 Minuten braten. Fleisch herausnehmen und beiseite stellen.

Frühlingszwiebeln und Pilze ins Bratfett geben und unter Rühren etwa 2 Minuten braten. Die Sherry-Marinade dazugießen und das Gemüse bei schwacher Hitze weitere 4 Minuten garen. Das Hühnerfleisch wieder dazugeben und unter ständigem Wenden nur erhitzen. Die Kräuter und die Walnüsse untermischen. Das Gericht mit Gomasio bestreuen und sofort servieren.

Anmerkung: Gomasio ist eine Mischung aus gerösteten Sesamsamen und Meersalz. Sie können Gomasio in Reformhäusern und Naturkostläden kaufen.

Shiitake-Putenröllchen auf Tomatensahne

(Foto Seite 112)

500 g Tomaten
8 dünne Putzenschnitzel
(etwa 600 g)
100 g Frühstücksspeck in dünnen Scheiben
150 g Shiitake-Pilze
1 EL Butterschmalz
Salz
frischgemahlener Pfeffer
200 g süße Sahne
1 Bund Basilikum
Holzzahnstocher zum Zustecken

Tomaten mit kochendem Wasser überbrühen, kurz ziehen lassen, kalt abschrecken und häuten. Dann halbieren, von den Kernen und den Stielansätzen befreien und klein würfeln. Die Putzenschnitel waschen und mit Küchenpapier trockentupfen. Die Schnitzel auf einem Brett ausbreiten und mit dem Frühstücksspeck belegen. Die Shiitake-Pilze mit Küchenpapier abreiben und von den harten Stielen befreien. Die Pilze dann blättrig schneiden und auf den Putenschnitzeln verteilen. Die Schnitzel aufrollen und mit den Zahnstochern zustecken.
Das Butterschmalz in einer Pfanne erhitzen, die Putenröllchen darin bei starker Hitze von allen Seiten 5—7 Minuten braten. Die Tomatenwürfel und die Sahne dazugeben und kurz aufkochen. Mit Salz und Pfeffer würzen.

Das Basilikum waschen, trockentupfen und ohne die groben Stiele in feine Streifen schneiden. Die Putenröllchen aus der Pfanne nehmen, die Zahnstocher entfernen und die Röllchen vorsichtig in Scheiben schneiden. Die Tomaten-Sahne-Sauce auf vorgewärmten Tellern anrichten und pro Portion je zwei aufgeschnittene Putenröllchen darauf legen. Mit den Basilikumstreifen garnieren.
Beilage: körnig gegarter Reis.

Lammgeschnetzeltes mit Morcheln und Tomaten

10 g getrocknete Spitzmorcheln
600 g Lammkeule ohne Knochen
500 g Tomaten
1 Schalotte
1 Knoblauchzehe
einige Zweige frischer Estragon
4 EL Sonnenblumenöl
Salz
frischgemahlener schwarzer Pfeffer
1 Prise Zucker
100 g Crème fraîche

Morcheln in einem Schälchen mit Wasser bedecken und etwa 6 Stunden quellen lassen. Dann in einem Sieb gründlich kalt abspülen und abtropfen lassen. (Einweichwasser durch eine Kaffeefiltertüte gießen und für ein anderes Gericht, beispielsweise eine Suppe, verwenden.)
Lammfleisch von Fett und Sehnen befreien, dann in feine Streifen schneiden. Tomaten mit kochendem Wasser überbrühen, kurz darin ziehen lassen, kalt abschrecken und häuten. Tomaten klein würfeln, dabei die Stielansätze und die Kerne entfernen. Schalotte und Knoblauch schälen und fein hacken. Estragon waschen, trocken-

schwenken und die Blättchen von den Stielen zupfen. Das Öl nacheinander in eine Pfanne geben und das Fleisch jeweils portionsweise darin anbraten. Das gebratene Fleisch auf einem Teller beiseite stellen.

Wenn das gesamte Fleisch gebraten ist, die Schalotte, den Knoblauch, die Morcheln und den Estragon im Bratfett garen, bis die Zwiebel und der Knoblauch glasig sind. Tomaten untermischen und unter Rühren nur erhitzen. Mit Salz, Pfeffer und Zucker abschmecken. Fleisch und Crème fraîche untermischen und alles noch einmal heiß werden lassen, aber nicht mehr kochen. Das Geschnetzelte auf vorgewärmten Tellern servieren.

Beilage: Salzkartoffeln, Bratkartoffeln oder körnig gegarter Reis.

Wildragout mit Shiitake

Für 4—6 Personen:

1 Zwiebel
2 Bund Suppengrün
800 g Wildfleisch ohne Knochen
2 Lorbeerblätter
½ l trockener Rotwein
4 EL Sonnenblumenöl

1 EL Mehl
2 EL Rotwein- oder Himbeeressig
Salz
frischgemahlener schwarzer Pfeffer
300 g Shiitake-Pilze
2 Gewürzgurken
250 g saure Sahne

Zwiebel schälen und grob würfeln. Suppengrün putzen, waschen und in Stücke schneiden. Wildfleisch von Fett und Sehnen befreien und in mundgerechte Stücke schneiden. Fleisch in einer Schüssel mit der Zwiebel, dem Suppengrün, den Lorbeerblättern und dem Rotwein mischen und zugedeckt an einem kühlen Ort etwa 6 Stunden durchziehen lassen. Dabei gelegentlich wenden.

Das Fleisch dann aus der Marinade nehmen und trockentupfen. Marinade durch ein Sieb gießen. Öl in einem Schmortopf erhitzen und das Wildfleisch darin bei starker Hitze rundherum kräftig anbraten. Gemüse ohne Lorbeerblätter dazugeben und mitbraten. Alles mit dem Mehl bestäuben und kurz anschwitzen. Den Essig und die Marinade dazugießen. Das Ragout mit Salz und Pfeffer würzen und zugedeckt bei schwacher Hitze etwa 45 Minuten schmoren lassen.
Inzwischen die Shiitake-Pilze mit Küchenpapier gründlich abreiben, dann in Streifen schneiden. Die Pilze zum Wild geben und alles weitere 30 Minuten schmoren. Inzwischen die Gewürzgurken abtropfen lassen und in Stifte scheiden. Die Gewürzgurken und die saure Sahne unter das Wildragout mischen. Alles noch einmal erhitzen, aber nicht mehr kochen lassen. Das Wildragout sofort servieren.
Beilage: körnig gegarter Reis.

Hühnerfrikassee mit Austernpilzen

1 Hähnchen (etwa 1,2 kg)
1 Bund Suppengrün
1 Zwiebel
1 Knoblauchzehe
1—2 unbehandelte
Zitronen
einige weiße Pfefferkörner
1 Lorbeerblatt
1 Bund Petersilie
250 g grüner Spargel

250 g Austernpilze
3 EL Butter
⅛ l trockener Weißwein
Salz
2 EL Mehl
100 g Crème fraîche
frischgemahlener weißer
Pfeffer
1 Eigelb

Huhn innen und außen gründlich waschen, dann in einen Topf legen und mit soviel Wasser übergießen, daß es gerade davon bedeckt ist. Zum Kochen bringen, dann

die Hitze reduzieren, so daß nur noch kleine Bläschen aufsteigen. Suppengrün putzen, waschen und grob würfeln. Zwiebel schälen und halbieren. Knoblauch ebenfalls schälen und mit Zwiebel, Suppengrün, 1 Zitronenscheibe, Pfefferkörnern und Lorbeerblatt zum Huhn geben. Petersilie waschen, die Blättchen abzupfen und beiseite legen. Stiele ebenfalls zum Huhn geben. Das Hähnchen etwa 1 Stunde garen, bis das Fleisch zart ist.
Hähnchen häuten, Fleisch von den Knochen lösen und in Streifen schneiden. Brühe durch ein Sieb gießen und alle festen Bestandteile wegwerfen. Etwa ¼ l abmessen. Spargel waschen und nur am unteren Ende dünn schälen, dann in etwa 2 cm lange Stücke schneiden. Die Austernpilze mit Küchenpapier abreiben, von den dicken Stielen befreien und in dickere Streifen schneiden. Die Pilze mit Zitronensaft beträufeln, damit sie sich nicht verfärben. 1 EL Butter in einer Pfanne erhitzen und die Pilze darin unter Rühren etwa 5 Minuten braten. Den Spargel und den Weißwein dazugeben und alles weitere 6 Minuten garen. Die Pfanne dann vom Herd ziehen.
Die restlichen 2 EL Butter in einem Topf schmelzen, aber nicht braun werden lassen. Mehl einrühren und hell anschwitzen, dann nach und nach unter Rühren die Geflügelbrühe angießen. Sauce etwa 10 Minuten bei schwacher Hitze köcheln lassen. Crème fraîche unterrühren. Hähnchenfleisch, Pilze und Spargel dazugeben und in der Sauce erwärmen. Alles mit Salz, Pfeffer und Zitronensaft abschmecken. Petersilienblättchen fein hacken und untermischen. Die Sauce mit dem Eigelb legieren, sie darf jetzt nicht mehr kochen, sonst gerinnt das Eigelb. Das Hühnerfrikassee sofort servieren.
Beilage: körnig gegarter Reis.

Anmerkung: Statt grünem Spargel schmecken auch Erbsen, Zuckerschoten oder Broccoli.

Hase mit Estragon und Champignons

Für 6 Personen:

1 küchenfertiger junger
Hase (etwa 2 kg)
1 kleine Möhre
1 kleine Petersilienwurzel
1 dünne Lauchstange
2 TL scharfer Senf
1 EL Estragonessig
½ l trockener Weißwein
1 Bund Estragon
50 g durchwachsener
Speck

5 EL Öl
4 kleine Zwiebeln
2 Knoblauchzehen
3 Stangen Sellerie
Salz
frischgemahlener weißer
Pfeffer
500 g kleine Champignons
1 EL Butter
Saft von ½ Zitrone
250 g Tomaten
125 g Crème fraîche

Hasen vom Händler in Läufe, zwei Rückenteile und zwei Bauchlappen teilen lassen.
Möhre und Petersilienwurzel schälen, putzen, waschen und würfeln. Lauch gründlich waschen und mit zwei Dritteln des zarten Grüns in feine Ringe schneiden.
Senf mit Essig und Wein verrühren. Möhre, Petersilienwurzel und Lauch untermischen. Die Fleischstücke in der Senfmischung etwa 3 Stunden zugedeckt ziehen lassen. Dabei gelegentlich wenden. Die Kaninchenstücke dann aus der Marinade nehmen und trockentupfen.
Estragon waschen und trockenschwenken. Die Blättchen von den Stielen zupfen und zugedeckt beiseite stellen. Speck von Schwarte und Knorpeln befreien und in kleine Würfel schneiden. 3 EL Öl in einem Schmortopf erhitzen. Speck darin bei mittlerer Hitze unter Rühren ausbraten. Restliches Öl zugeben, Hasenteile nacheinander rundherum darin anbraten.
Inzwischen Zwiebeln und Knoblauch schälen und fein hacken. Sellerie waschen und gegebenenfalls von den

harten Fasern befreien, dann in feine Streifen schneiden. Zwiebeln, Knoblauch und Sellerie zu den Kaninchenstücken geben und mitbraten. Marinade zugießen und den Bratensatz damit lösen. Mit Salz und Pfeffer würzen. Die Hälfte der Estragonblättchen zugeben. Den Schmortopf schließen und in den Backofen schieben. Das Kaninchen bei 200 °C etwa 50 Minuten schmoren. Die Kaninchenstücke dabei zweimal wenden und mit der Schmorflüssigkeit begießen.
Inzwischen die Champignons putzen und eventuell kurz waschen. Die Pilze in der restlichen Butter anbraten. Den Zitronensaft zugießen und die Pilze bei mittlerer Hitze unter Rühren bißfest garen.
Die Tomaten mit kochendem Wasser übergießen, kurz darin ziehen lassen, kalt abschrecken und häuten. Dann von Stielansätzen und Kernen befreien und in Stücke schneiden. Zusammen mit den Pilzen zum Fleisch geben. Alles weitere 40 Minuten schmoren. Crème fraîche unter die Sauce rühren, und den Hasen mit dem restlichen Estragon bestreut servieren.
Beilage: Stangenweißbrot oder Kartoffeln.

Anmerkung: Manche frische Kräuter sind nicht immer und vor allem nicht überall zu bekommen. Wenn Sie einmal keinen frischen Estragon bekommen, sollten Sie jedoch keinesfalls getrockneten Estragon verwenden, sondern lieber auf ein anderes Kraut ausweichen. Gut schmeckt Thymian, den Sie auch getrocknet verwenden können oder Rosmarin.

Hühnertopf mit Kartoffeln, Pilzen und Spinat

1 mittelgroßes Suppenhuhn
2 Bund Suppengrün
1 kleine Petersilienwurzel
1 große Zwiebel
1 Knoblauchzehe
1 Stück unbehandelte Zitronenschale von etwa 5 cm Länge
1 Lorbeerblatt
6 weiße Pfefferkörner
einige Zweige frischer Thymian
500 g Blattspinat
500 g mehligkochende Kartoffeln
Salz
250 g kleine Champignons oder Egerlinge
1 EL Butter
1 Bund Basilikum
1 EL Zitronensaft
frischgemahlener weißer Pfeffer
1 Prise Muskatnuß

Das Huhn gründlich kalt abspülen und in einen ausreichend großen Topf legen. Suppengrün und Petersilienwurzel putzen oder schälen, waschen, grob zerkleinern und dazugeben. Zwiebel und Knoblauch schälen und halbieren. Mit der Zitronenschale, Lorbeerblatt, Pfefferkörnern und kalt abgespültem Thymian in den Topf geben. Wasser hinzugießen, zum Kochen bringen und das Huhn bei halb aufgelegtem Deckel etwa 1 Stunde leise köcheln lassen.

Inzwischen Spinat von allen welken Blättern und den groben Stielen befreien und in stehendem kalten Wasser mehrmals gründlich waschen. Dann abtropfen lassen und grob hacken. Kartoffeln schälen, waschen und würfeln.

Das gegarte Huhn aus der Brühe nehmen und etwas abkühlen lassen. Brühe durch ein mit einem Tuch ausgelegtes Sieb gießen, das Gemüse und die Gewürze wegwerfen. Die Hühnerbrühe salzen. Kartoffeln mit einem

Teil der Brühe zum Kochen bringen und zugedeckt bei schwacher Hitze etwa 20 Minuten garen, bis sie weich sind. Dabei gegebenenfalls noch etwas Brühe dazugeben.
Inzwischen das Huhn häuten. Das Fleisch von den Knochen lösen und in mundgerechte Stücke schneiden. Pilze putzen und eventuell kurz kalt abspülen, dann je nach Größe halbieren oder ganz lassen. Butter erhitzen und die Pilze darin unter Rühren rundherum anbraten. Spinat zu den Kartoffeln geben und zugedeckt zusammenfallen lassen. Hühnerfleisch und Pilze dazugeben und erwärmen, dabei eventuell noch etwas Brühe zugießen. Basilikum waschen, trockenschwenken, die Blättchen abzupfen und in schmale Streifen schneiden. Eintopf mit Zitronensaft, Salz, Pfeffer und Muskat abschmecken, mit dem Basilikum bestreuen und sofort servieren.

Hähnchengeschnetzeltes mit Champignons und Basilikum

600 g Hühnerbrustfilets
4 Schalotten
2 Bund Basilikum
250 g Champignons
1 EL Zitronensaft
etwa 1 EL geschmacksneutrales Öl

1 EL Butter
1 TL scharfer Senf
200 g süße Sahne
frischgemahlener weißer Pfeffer

Hähnchenbrustfilet mit Küchenpapier trockentupfen, dann in schmale Streifen schneiden. Schalotten schälen und fein hacken. Basilikum waschen und trockenschwenken. Die Blättchen von den Stielen zupfen und in feine Streifen schneiden. Die Hälfte davon zum Bestreuen des fertigen Gerichtes zugedeckt beiseite legen. Champignons

putzen, eventuell kurz waschen, dann in dünne Scheiben schneiden. Sofort mit dem Zitronensaft beträufeln, damit sie sich nicht verfärben.
Öl und Butter in einer großen Pfanne erhitzen. Hähnchenstreifen darin portionsweise kräftig anbraten. Das Fleisch jeweils wieder herausnehmen und auf einem Sieb mit einer Schüssel darunter beiseite stellen. Wenn das gesamte Fleisch angebraten ist, die Champignons im Bratfett bei starker Hitze etwa 2 Minuten unter ständigem Rühren anbraten. Schalotten und Basilikum dazugeben und mitbraten, bis die Schalotten glasig sind. Senf, Sahne und den Fleischsaft, der sich in der Schüssel angesammelt hat, in die Pfanne geben und unter Rühren cremig einkochen lassen. Sauce mit Salz und Pfeffer abschmecken. Hähnchenstreifen hineingeben und erhitzen, aber nicht mehr kochen lassen. Das Geschnetzelte mit dem restlichen Basilikum bestreut servieren.
Beilage: körnig gegarter Reis oder Salzkartoffeln.

Polentaschnitten mit Geflügel-Pilz-Ragout

Für 5 Personen:

250 g Maisgrieß (Polenta)
1200 ccm Wasser
Salz
400 g Hühnerbrüstchen ohne Knochen
400 g Egerlinge
2 EL Zitronensaft
1 Bund Frühlingszwiebeln
1 Knoblauchzehe
3 EL Olivenöl
2 Bund Basilikum
150 g Crème fraîche
frischgemahlener weißer Pfeffer

Maisgrieß mit Wasser und Salz in einen großen Topf geben und einmal aufkochen. Dann bei schwächster Hitze im offenen Topf in etwa 45 Minuten ausquellen lassen.

Dabei gelegentlich umrühren, damit die Polenta nicht anbrennt (Vorsicht, die Polenta spritzt leicht). Polenta dann auf ein Backblech streichen und etwa 30 Minuten trocknen lassen, bis sie schnittfest ist.
Inzwischen Hühnerbrüstchen gegebenenfalls von der Haut befreien, dann in mundgerechte Stücke schneiden. Pilze putzen und eventuell kurz kalt abspülen, dann je nach Größe vierteln oder achteln. Pilze mit dem Zitronensaft mischen, damit sie sich nicht zu stark verfärben. Frühlingszwiebeln putzen, waschen und mit zwei Dritteln des zarten Grüns in feine Ringe schneiden. Knoblauchzehe schälen und fein hacken. Polenta mit einem in kaltes Wasser getauchten Messer in Stücke von etwa 5 × 5 cm Größe schneiden. Basilikum waschen, trockenschwenken und ohne die groben Stiele fein hacken.
Gut die Hälfte des Öls in einer Pfanne erhitzen. Die Polentascheiben darin bei mittlerer Hitze von beiden Seiten knusprig braten. Dann herausnehmen und im Backofen bei 50°C warm halten. Restliches Öl in die Pfanne geben. Frühlingszwiebeln und Knoblauch darin glasig braten. Pilze und Huhn zugeben und braten, bis sich die Hühnerwürfel rundherum hell gefärbt haben. Crème fraîche und Basilikum untermischen. Alles mit Salz und Pfeffer abschmecken und einmal aufkochen lassen. Dann etwa 3 Minuten zugedeckt bei mittlerer Hitze köcheln lassen. Polentaschnitten mit dem Pilzragout auf vorgewärmten Tellern servieren.
Beilage: eventuell Salat.

Bœuf Stroganow

600 g Rinderfilet
3—4 Schalotten
200 g Champignons
1 EL Öl
40 g Butter
Salz

frischgemahlener
schwarzer Pfeffer
1—2 TL scharfer Senf
200 g Crème fraîche
2 TL Zitronensaft

Rinderfilet feucht abwischen und putzen. Dann zuerst in etwa 1 cm dicke Scheiben und diese in etwa 1 cm breite Streifen schneiden. Schalotten schälen und sehr fein hacken. Champignons putzen und eventuell kurz kalt abspülen, dann blättrig schneiden.

Das Öl in einer größeren Pfanne erhitzen, dann etwa die Hälfte der Butter hineingeben. Fleischstreifen portionsweise unter ständigem Rühren darin anbraten, herausnehmen und in einem Sieb beiseite stellen. Das übrige Fleisch auf dieselbe Weise anbraten und herausnehmen.

Restliche Butter in das Bratfett geben, Schalotten und Champignons darin unter Rühren glasig und weich braten. Salzen und pfeffern, Senf unterrühren und kurz anbraten. Crème fraîche mit einer Gabel verquirlen, zu der Pilzmischung geben und gründlich unterrühren. Flüssigkeit dabei nach Wunsch etwas einkochen lassen. Die Sauce mit dem Zitronensaft abschmecken.

Die Fleischstücke salzen und pfeffern und unter die Sauce mischen. Alles unter vorsichtigem Wenden bei schwacher Hitze heiß werden, aber nicht mehr kochen lassen.

Beilage: Rösti.

Vegetarische Hauptgerichte

Hirsepflänzchen mit Spinat-Champignon-Gemüse

250 g Hirsekörner
½ l Wasser
Salz
1 EL Kürbiskerne
1 Zwiebel
1 Bund Petersilie
1 Ei
frischgemahlener weißer Pfeffer

500 g Blattspinat
300 g Champignons
oder Egerlinge
2 EL Zitronensaft
1 Knoblauchzehe
Butter und Öl zum Braten
150 g süße Sahne
1 Bund Basilikum

Hirse in einem Sieb heiß abspülen, dann mit dem Wasser und Salz in einen Topf geben und einmal aufkochen. Hirse dann auf der abgeschalteten Kochstelle zugedeckt in etwa 20 Minuten ausquellen lassen.
Inzwischen Kürbiskerne mit einem großen schweren Messer fein zerkleinern. Zwiebel schälen und sehr fein hakken. Petersilie waschen, trockenschwenken und ohne die groben Stiele ebenfalls fein hacken.
Hirse abkühlen lassen, dann mit den Kürbiskernen, der

Zwiebel, der Petersilie und dem Ei mischen. Masse mit Salz und Pfeffer abschmecken und zugedeckt beiseite stellen.

Spinat von allen welken Blättern und den groben Stielen befreien und in stehendem kalten Wasser mehrmals gründlich waschen. Spinat dann in sprudelnd kochendem Salzwasser etwa 1 Minute blanchieren, bis die Blätter zusammengefallen sind. Dann kalt abschrecken und abtropfen lassen.

Pilze putzen und eventuell kurz kalt abspülen, dann je nach Größe halbieren oder ganz lassen. Pilze mit dem Zitronensaft mischen, damit sie sich nicht zu stark verfärben. Knoblauch schälen und fein hacken.

Für die Pflänzchen in einer Pfanne je 1 EL Butter und Öl erhitzen. Von der Hirsemasse mit einem Eßlöffel jeweils etwas abnehmen, in die Pfanne geben und leicht flach drücken. Pflänzchen bei mittlerer Hitze von beiden Seiten knusprig braten.

Inzwischen in einem Topf ebenfalls 1 EL Butter und Öl erhitzen. Knoblauch darin glasig dünsten. Pilze hinzufügen und unter Rühren braten, bis sie gebräunt sind. Spinat und Sahne hinzufügen und einmal aufkochen, dann mit Salz und Pfeffer abschmecken und zugedeckt beiseite stellen.

Basilikum waschen, trockenschwenken und ohne die groben Stiele fein hacken. Pilz-Spinat-Gemüse mit dem Basilikum mischen, eventuell noch einmal mit Salz und Pfeffer abschmecken, dann zu den Hirsepflänzchen servieren.

Nudeln mit Wirsing und Champignons

1 kleiner Wirsing
250 g Champignons
Saft von ½ Zitrone
1 Schalotte
1 Knoblauchzehe
2 EL Sonnenblumenöl
⅛ l Gemüsebrühe und Weißwein gemischt
100 g süße Sahne
75 g frischgeriebener Parmesan
Salz
frischgemahlener weißer Pfeffer
400 g Bandnudeln
1 Bund Petersilie

Wirsing waschen, von den äußeren unansehnlichen Blättern befreien und vierteln. Strunk herausschneiden. Wirsing in Streifen schneiden. Pilze putzen und eventuell kurz kalt abspülen, dann blättrig schneiden. Mit dem Zitronensaft mischen, damit sie sich nicht zu stark verfärben. Schalotte und Knoblauchzehe schälen und fein hacken.
Öl in einem weiten Topf erhitzen. Schalotte und Knoblauch darin glasig dünsten. Wirsingstreifen hinzufügen und ebenfalls anbraten. Dann Pilze dazugeben und alles einige Minuten unter Rühren braten. Dann Gemüsebrühe, Wein und Sahne angießen. Alles zugedeckt bei schwacher Hitze etwa 7 Minuten köcheln lassen.
Inzwischen Nudeln in reichlich sprudelnd kochendem Salzwasser »al dente« garen. Petersilie waschen, trockenschwenken und ohne die groben Stiele fein hacken. Käse unter das Wirsinggemüse mischen und unter Rühren schmelzen lassen. Gemüse mit Salz und Pfeffer würzen. Nudeln abgießen, abtropfen lassen und mit dem Wirsinggemüse mischen. Nudeln auf vorgewärmte Teller verteilen und mit der Petersilie bestreut servieren.
Beilage: gemischter Salat oder Tomatensalat mit Zwiebeln und vielen Kräutern.

Vollkorn-Semmelknödel mit Sahnepilzen

8 altbackene Vollkornbrötchen (vom Vortag)
³/₈ l Milch
1 kleine Zwiebel
1 Bund Petersilie
3 Eier
Salz
400 g gemischte Pilze (z. B. Austernpilze, Egerlinge und Shiitake-Pilze)
1 EL Zitronensaft
1 Knoblauchzehe
1 Schalotte
2 EL Butter
200 g süße Sahne
frischgemahlener weißer Pfeffer
1 Bund Schnittlauch

Brötchen in dünne Scheiben schneiden und in eine Schüssel geben. Die Milch lauwarm erhitzen und darübergießen. Die Brötchen mit einem Deckel beschweren und etwa 15 Minuten durchziehen lassen.
Inzwischen Zwiebel schälen und sehr fein hacken. Petersilie waschen, trockenschwenken und ohne die groben Stiele fein hacken. Die eingeweichten Brötchen mit der Zwiebel, der Petersilie, den Eiern und Salz verkneten, bis ein geschmeidiger Teig entsteht. Aus dem Teig mit angefeuchteten Händen 8 gleich große Knödel formen. Reichlich Wasser mit Salz zum Kochen bringen und die Knödel darin im offenen Topf bei mittlerer Hitze etwa 15 Minuten ziehen lassen.
Inzwischen die Pilze putzen oder mit Küchenpapier gründlich abreiben und eventuell kurz kalt abspülen. Die Pilze blättrig schneiden und mit dem Zitronensaft mischen, damit sie sich nicht zu stark verfärben. Knoblauch und Schalotte schälen und fein hacken. Butter in einem weiten Topf zerlaufen lassen, aber nicht bräunen. Knoblauch und Schalotte darin unter Rühren glasig dünsten. Pilze hinzufügen und kurz mitdünsten. Die Sahne abgie-

ßen, das Pilzgemüse mit Salz, Pfeffer und dem Zitronensaft abschmecken und ohne Deckel bei mittlerer Hitze in etwa 5 Minuten garen, bis die Sauce etwas dicker geworden ist.

Den Schnittlauch waschen, trockenschwenken und in feine Röllchen schneiden. Die Knödel mit einem Schaumlöffel aus dem Wasser heben und abtropfen lassen. Das Pilzgemüse mit dem Schnittlauch bestreuen und zu den Knödeln servieren.

Anmerkung: Natürlich können Sie die Knödel auch mit »normalen« Brötchen zubereiten. Mit Vollkornbrötchen schmecken sie jedoch viel herzhafter, und sie sind obendrein gesünder.

Bandnudeln mit Gemüse und Pilzen

1 kleine Zwiebel
2 Knoblauchzehen
1 junge Möhre
1 kleine festkochende Kartoffel
½ Zucchino
1 dünne Stange Lauch
100 g Shiitake-Pilze

etwa 1 EL Zitronensaft
100 g Vollkornbandnudeln
Salz
1 EL kaltgepreßtes Olivenöl
⅛ l Gemüsebrühe
frischgemahlener schwarzer Pfeffer
½ Bund Petersilie

Zwiebel und die Knoblauchzehen schälen und sehr fein hacken. Möhre schälen, waschen und in dünne Stifte teilen. Zucchino von Stiel- und Blütenansatz befreien, waschen und würfeln. Lauch putzen, gründlich kalt abspülen, dann in hauchdünne Scheiben schneiden. Shiitake mit Küchenpapier gründlich abreiben, von den dicken Stielen befreien und in Streifen schneiden. Pilze mit dem

Zitronensaft mischen, damit sie sich nicht zu stark verfärben.
Für die Nudeln reichlich Wasser mit einer kräftigen Prise Salz zum Kochen bringen. Die Nudeln darin bei mittlerer bis starker Hitze »al dente« garen.
Inzwischen das Öl in einer Pfanne erhitzen. Zwiebel und Knoblauch darin glasig dünsten. Möhre, die Kartoffelstifte, die Pilze und die Lauchringe dazugeben und bei mittlerer Hitze etwa 2 Minuten unter gelegentlichem Umrühren anbraten. Dann die Zucchiniwürfel und die Gemüsebrühe hinzufügen, alles mit Salz und 1 kräftigen Prise Pfeffer abschmecken. Gemüse zugedeckt weitere 2 Minuten garen, bis es bißfest ist.
Inzwischen Petersilie waschen, trockenschwenken und ohne die groben Stiele fein hacken. Die Nudeln in ein Sieb geben, gründlich abtropfen lassen und mit dem Gemüse mischen. Die Nudeln auf vorgewärmte Teller verteilen und mit der Petersilie bestreut servieren.

Spaghetti mit Austernpilzen

Für 2 Personen:

200 g Spaghetti
Salz
200 g Austernpilze
1 Schalotte
1 Knoblauchzehe
¼ Bund frischer Thymian
2 EL kaltgepreßtes Olivenöl
frischgemahlener
schwarzer Pfeffer
2 EL Crème fraîche

Austernpilze voneinander trennen, von allen Schmutzresten sowie den harten Stielen befreien und kalt abspülen. Pilze abtrocknen und in mundgerechte Stücke schneiden. Schalotte und Knoblauch schälen und fein hacken. Thymian waschen, trockenschwenken und die Blättchen von den Stielen streifen.

Für die Nudeln reichlich Wasser mit einer kräftigen Prise Salz zum Kochen bringen. Die Spaghetti darin bei mittlerer bis starker Hitze »al dente« garen.

Inzwischen das Olivenöl in einer Pfanne erhitzen. Die Schalotte darin glasig dünsten. Die Pilze dazugeben und so lange unter gelegentlichem Wenden braten, bis sie rundherum gebräunt sind. Dann den Knoblauch und den Thymian untermischen. Die Pilze mit Salz und Pfeffer würzen. Die Nudeln in ein Sieb geben, gründlich abtropfen lassen, dann mit der Crème fraîche mischen und auf vorgewärmte Teller geben. Die Pilze darauf verteilen und die Nudeln sofort servieren.

Beilage: gemischter Salat.

Teigtaschen mit Pilzfüllung und Zucchinigemüse

300 g Weizenvollkornmehl
Salz
2 Eier
1 EL kaltgepreßtes Sonnenblumenöl
300 g Doppelrahm-Frischkäse
2 EL süße Sahne
1 TL Zitronensaft
100 g Austernpilze
1 Bund Petersilie
½ Bund frischer Thymian
frischgemahlener weißer Pfeffer
frischgeriebene Muskatnuß
600 g junge Zucchini
1 Schalotte
1 Knoblauchzehe
einige Blätter frischer Salbei
1 EL Butter
250 g süße Sahne

Für den Teig Mehl mit Salz, Eiern, Öl und 2 EL lauwarmem Wasser mit den Händen oder Knethaken des Handrührgerätes zu einem glatten geschmeidigen Teig verkneten. Der Teig soll weich sein, darf aber nicht an den Fingern kleben. Bei Bedarf noch etwas Wasser beziehungsweise Mehl unterarbeiten. Teig zu einer Kugel formen, in Pergamentpapier wickeln und bei Zimmertemperatur etwa 1 Stunde ruhen lassen. Inzwischen Frischkäse mit Sahne und Zitronensaft glattrühren. Austernpilze mit Küchenpapier gründlich abreiben, von den harten Stielen befreien und in kleine Würfel schneiden. Petersilie und Thymian waschen und trockenschwenken. Petersilie ohne die groben Stiele sehr fein hacken. Thymianblättchen von den Stielen streifen. Pilze und Kräuter unter den Frischkäse mischen und die Masse mit Salz, Pfeffer und Muskat pikant abschmecken. Zucchini von Stiel- und Blütenansätzen befreien, waschen und in Stifte schneiden. Zugedeckt beiseite stellen.

Nudelteig noch einmal durchkneten und auf der leicht bemehlten Arbeitsfläche oder in der Nudelmaschine zu dünnen Platten ausrollen. Die Hälfte der Platten in Abständen von etwa 4 cm mit je etwa 1 TL Füllung belegen. Die Teigplatten zwischen der Füllung jeweils mit kaltem Wasser bestreichen. Restliche Teigplatten darüber decken, zwischen der Füllung gut andrücken und mit einem Teigrädchen oder einem Messer in kleine Täschchen teilen. Ränder der Teigtäschchen mit einer Gabel gut zusammendrücken.

Reichlich Wasser mit einer kräftigen Prise Salz zum Kochen bringen.

Schalotte und Knoblauch schälen und fein hacken. Salbei waschen, trockentupfen und in schmale Streifen schneiden. Butter in einem Topf erhitzen. Schalotte und Knoblauch darin glasig braten. Zucchini und Salbei dazugeben und kurz mitbraten. Sahne angießen, das Gemüse mit Salz und Pfeffer würzen und zugedeckt bei mittlerer Hitze in etwa 3 Minuten bißfest garen.

Teigtäschchen in das kochende Wasser geben und ebenfalls in etwa 3 Minuten »al dente« kochen. Teigtäschchen mit einem Schaumlöffel aus dem Wasser heben, abtropfen lassen und auf vorgewärmte Teller verteilen. Zucchinigemüse darüber geben und das Gericht sofort servieren.

Anmerkung: Teige aus Vollkornmehl gelingen entgegen einer weit verbreiteten Meinung genauso gut und leicht wie solche aus weißem Mehl. Das einzige, was Sie bei der Zubereitung beachten müssen, ist, daß Vollkornmehl etwas mehr Flüssigkeit benötigt als weißes Mehl, da es stärker aufquillt.

Gemüse in scharfer Kokosmilch

200 g Kokosflocken
³⁄₈ l Milch
2 Schalotten
2 Knoblauchzehen
1 frische rote Pfefferschote
200 g Möhren
½ Fenchelknolle
200 g Zucchini
200 g Champignons
1 EL Zitronensaft
2—3 EL geschmacks-
neutrales Öl
Salz
frischgemahlener weißer
Pfeffer
1 Bund Petersilie

Kokosflocken mit der Milch in einen Topf geben und einmal aufkochen lassen. Topf vom Herd nehmen und die Flocken etwa 30 Minuten in der Milch ziehen lassen.
Inzwischen Schalotten und Knoblauch schälen und fein hacken. Pfefferschote vom Stielansatz befreien und längs halbieren. Alle Kerne entfernen und die Schotenhälften gründlich kalt abspülen. Möhren putzen, schälen und in Stifte schneiden. Fenchel putzen, vom Strunk befreien, waschen und in dünne Scheiben teilen. Zucchini von Stiel- und Blütenansätzen befreien, waschen und in Stifte schneiden. Champignons putzen, eventuell kurz kalt abspülen, dann in dünne Scheiben teilen. Pilze sofort mit dem Zitronensaft beträufeln, damit sie sich nicht zu stark verfärben.
Kokosflocken mit der Milch durch ein mit einem Küchentuch ausgelegtes Sieb gießen. Flocken mit einem Kochlöffel gut ausdrücken, dann wegwerfen. Hälfte des Öls in einer großen Pfanne erhitzen. Schalotten, Knoblauch und Pfefferschotenhälften darin glasig dünsten. Das restliche Öl sowie Möhren und Fenchel dazugeben und einige Minuten schmoren lassen. Zucchini und Champignons ebenfalls in die Pfanne geben und bei starker Hitze anbraten, bis die Flüssigkeit, die sich dabei bildet, wieder verdampft ist. Kokosmilch angießen, das

Gefüllte Lammkeule mit Austernpilzgemüse ▷
(Rezept S. 62)

Gemüse mit Salz und Pfeffer pikant würzen und zugedeckt bei mittlerer Hitze etwa 4 Minuten garen, bis es bißfest ist.

Inzwischen Petersilie waschen, trockenschwenken und ohne die groben Stiele fein hacken. Pfefferschotenhälften aus dem Gemüse entfernen. Gemüse mit der Petersilie mischen, noch einmal mit Salz abschmecken und sofort servieren.

Beilage: körnig gegarter Reis.

Anmerkung: Pfefferschoten gibt es in den unterschiedlichsten Schärfegraden, was man ihnen jedoch nicht ansieht. Als Faustregel können Sie annehmen: je kleiner die Schoten, desto schärfer sind sie. Die kleinen Kerne sollten Sie immer gründlich entfernen, sie sind am schärfsten. Wenn Sie nicht so gerne scharf essen, lassen Sie die Schoten einfach weg und würzen das Gericht statt dessen mit Cayennepfeffer nach Ihrem persönlichen Geschmack.

Roter Reis mit Sahnepilzen und Zuckerschoten

250 g roter Reis
gut ½ l Gemüsebrühe
2 Zwiebeln
2 Knoblauchzehen
500 g Champignons oder
Egerlinge
Saft von ½ Zitrone
250 g Zuckerschoten

1 EL Sonnenblumenöl
½ EL Butter
1 Becher süße Sahne
(200 g)
Salz
frischgemahlener weißer
Pfeffer
1 Bund Petersilie

Reis in einem Sieb unter fließendem kalten Wasser abspülen, bis die ablaufende Flüssigkeit klar bleibt. Dann

◁ *Gebratene Austernpilze auf koreanische Art*
(Rezept S. 72)

mit der Gemüsebrühe zum Kochen bringen. Den Reis zugedeckt bei schwacher Hitze in etwa 45 Minuten körnig ausquellen lassen.

Inzwischen Zwiebeln und Knoblauch schälen und fein hacken. Die Pilze putzen und gegebenenfalls ganz kurz waschen, dann blättrig schneiden. Sofort mit dem Zitronensaft beträufeln, damit sie sich nicht zu stark verfärben. Zuckerschoten putzen und gebenenfalls von den Fäden befreien, dann waschen und einmal durchschneiden.

Öl und Butter in einer Pfanne mit Deckel erhitzen. Zwiebel und Knoblauch zugeben und glasig braten. Zuckerschoten hinzufügen und einige Minuten unter Rühren anbraten. Pilze ebenfalls untermischen und bei starker Hitze unter Rühren so lange mitbraten, bis die Flüssigkeit, die sich gebildet hat, wieder verdampft ist. Dann die Sahne untermischen und unter Rühren etwas einkochen lassen. Pilze und Zuckerschoten mit Salz und Pfeffer pikant würzen und zugedeckt warm halten.

Petersilie waschen, trockenschwenken und ohne die groben Stiele fein hacken. Pilze-Zuckerschoten-Gemüse und Petersilie unter den gegarten Reis mischen. Alles noch einmal mit Salz und Pfeffer würzen und sofort servieren.

Anmerkung: Roter Reis ist eine indische Sorte, die ihre Farbe durch die äußere Schale erhält. Roter Reis ist ungeschält, also Naturreis. Kaufen können Sie roten Reis in einigen Naturkostläden sowie in asiatischen Feinkostgeschäften. Sein Geschmack ist kräftiger als der von Naturreis. Wenn Sie einmal keinen roten Reis bekommen, nehmen Sie einfach anderen Naturreis (Langkornreis). Und wenn Sie einmal keine Zuckerschoten finden, schmeckt das Gericht auch mit Erbsen sehr gut.

Bulgurbällchen mit Shiitake

150 g Bulgur
300 ccm Wasser
1 Zwiebel
1 Knoblauchzehe
400 g Shiitake-Pilze
Saft von 1 Zitrone
2 EL Butter
1 EL gehackte Walnußkerne
1—2 EL gehackte Petersilie
1 EL Weizenvollkornmehl
2 Eier
Salz
frischgemahlener schwarzer Pfeffer
Sonnenblumenöl zum Braten
einige Zweige frischer Thymian
100 g Crème fraîche

Bulgur mit dem Wasser zum Kochen bringen und zugedeckt bei schwacher Hitze etwa 20 Minuten garen.
Inzwischen Zwiebel und Knoblauch schälen und fein hacken. Pilze mit Küchenpapier gründlich abreiben, von den dicken Stielen befreien und in etwas dickere Streifen schneiden. Mit dem Zitronensaft mischen, damit sie sich nicht zu stark verfärben.
Bulgur, wenn nötig, abtropfen, dann etwas auskühlen lassen. Mit den Walnüssen, Petersilie, Mehl und Eiern verkneten. Mit Salz und Pfeffer abschmecken und zu kleinen Bällchen formen.
Butter in einer Pfanne zerlassen, aber nicht bräunen. Zwiebel und Knoblauch zugeben und glasig braten. Pilze ebenfalls zugeben und bei starker Hitze anbraten, bis die Flüssigkeit, die sich dabei bildet, wieder verdampft ist. Mit Salz und Pfeffer abschmecken, Crème fraîche untermischen und das Pilzgemüse bei schwacher Hitze zugedeckt etwa 10 Minuten schmoren.
Inzwischen in einer zweiten Pfanne Öl erhitzen. Bulgurbällchen darin von allen Seiten knusprig braun braten. Die Bällchen auf dem Pilzgemüse anrichten und sofort servieren.

Reis mit Morcheln

10 g getrocknete Spitzmorcheln
⅛ l Wasser
200 g Langkornreis
400 ccm Gemüsebrühe
1 Zwiebel
1 Knoblauchzehe
1 EL Butter
¼ l süße Sahne
Salz
weißer Pfeffer
1 Bund Petersilie

Morcheln in einem Schälchen mit dem Wasser übergießen und mindestens 6 Stunden einweichen.
Den Reis in einem Sieb kalt abspülen, bis das ablaufende Wasser klar bleibt, dann mit der Gemüsebrühe zum Kochen bringen. Zugedeckt bei schwacher Hitze in etwa 20 Minuten ausquellen lassen.
Inzwischen die Morcheln aus dem Wasser nehmen und kalt abspülen. Das Einweichwasser durch eine Kaffeefiltertüte gießen. Zwiebel und Knoblauch schälen, fein hacken und in der Butter glasig braten. Morcheln zugeben und einige Minuten anbraten. Einweichwasser und Sahne zugießen. Einmal aufkochen und mit Salz und Pfeffer würzen. Petersilie waschen, trockenschwenken, die Blättchen von den Stielen zupfen und fein hacken. Die Hälfte davon unter die Pilze mischen und zugedeckt 5 Minuten garen.
Morcheln mit der Sauce unter den Reis mischen und eventuell noch einmal mit Salz und Pfeffer abschmecken. Den Reis mit der restlichen Petersilie bestreut servieren.

Gebratener Reis mit Austernpilzen

250 g Langkornreis
½ l Wasser
1 Zwiebel
2 Knoblauchzehen
150 g Austernpilze
1 EL Zitronensaft
1 kleine rote Paprikaschote
1 kleiner Zucchino

100 g Bambussprossen
(aus der Dose)
2 EL Sonnenblumenöl
1 EL Sojasauce
2 EL trockener Sherry
Salz
weißer Pfeffer
2 Eier

Reis in einem Sieb unter fließendem kalten Wasser abspülen, bis die ablaufende Flüssigkeit klar bleibt, dann mit dem Wasser zum Kochen bringen und bei schwacher Hitze zugedeckt in etwa 20 Minuten körnig ausquellen und anschließend auskühlen lassen.
Zwiebel und Knoblauch schälen und fein hacken. Austernpilze mit Küchenpapier gründlich abreiben, von den groben Stielen befreien und in Streifen schneiden. Mit Zitronensaft beträufeln, damit sie sich nicht zu stark verfärben. Paprikaschote putzen, waschen und ebenfalls in Streifen schneiden. Zucchino von Stiel- und Blütenansatz befreien, waschen und in Stifte schneiden. Bambussprossen in Streifen teilen. Zwiebel und Knoblauch in der Hälfte des Öls glasig braten. Pilze, Gemüse und Bambussprossen zugeben und unter Rühren braten, bis sie bißfest sind.
Reis im restlichen Öl braten, bis er leicht gebräunt ist. Pilze, Gemüse und Bambus untermischen. Alles mit Sojasauce, Sherry, Salz und Pfeffer abschmecken. Eier verquirlen, über den Reis gießen und einige Male durchrühren, bis die Eier gestockt sind. Gebratenen Reis sofort servieren.

Shiitake-Gemüse-Pfanne

60 g Weizenkörner
⅛ l Brühe
2 EL Sojasauce
1 Schalotte
2 EL Butter
200 g Möhren
1 Kohlrabi
200 g junge Zucchini

400 g Shiitake-Pilze
1 EL Zitronensaft
Salz
frischgemahlener
schwarzer Pfeffer
1 Knoblauchzehe
1 Kästchen Kresse

Die Weizenkörner über Nacht in kaltem Wasser einweichen. Am nächsten Tag mit der Brühe und der Sojasauce übergießen und 15 Minuten kochen.
Die Zwiebel schälen und fein hacken. Die Möhren und den Kohlrabi schälen und klein würfeln. Die Zucchini waschen, von den Stiel- und Blütenansätzen befreien, längs vierteln und in Stücke schneiden. Shiitake-Pilze mit Küchenpapier abreiben und von den Stengeln befreien. Pilze mit dem Zitronensaft mischen.
Butter in einer großen Pfanne erhitzen und die Zwiebel darin bei mittlerer Hitze glasig dünsten. Pilze hinzufügen und bei starker Hitze kurz kräftig anbraten. Das Gemüse hinzufügen und untermischen. Mit Salz und Pfeffer würzen. Den Knoblauch schälen und durch die Knoblauchpresse dazudrücken. Das Gemüse bei schwacher bis mittlerer Hitze etwa 5 Minuten zugedeckt schmoren, dann die Weizenkörner dazugeben und alles weitere 7 Minuten schmoren. Das Gericht eventuell noch einmal mit Salz und Pfeffer abschmecken. Die Kresse abbrausen und die Blättchen kurz vor dem Servieren über dem Gemüse abschneiden.

Geschmorter Grünkern mit Morcheln

10 g getrocknete Spitzmorcheln
½ l Wasser
200 g Grünkern
1 Schalotte
1 Knoblauchzehe
1 EL Butter
125 g süße Sahne
½ Bund frischer Thymian
2 TL Zitronensaft
Salz
frischgemahlener weißer Pfeffer

Die Morcheln mit etwa einem Drittel des Wassers übergießen und zugedeckt 6 Stunden einweichen.
Nach 4 Stunden den Grünkern mit dem restlichen Wasser zum Kochen bringen und zugedeckt bei schwacher Hitze 1 Stunde kochen. Dann zugedeckt auf der abgeschalteten Kochstelle eine weitere Stunde ausquellen lassen.
Morcheln abgießen und in einem Sieb gründlich kalt abspülen. Das Einweichwasser durch eine Kaffeefiltertüte geben. Schalotte und den Knoblauch schälen und fein hacken.
Butter in einem Topf erhitzen. Schalotte, Knoblauch und Morcheln darin bei schwacher Hitze unter Rühren anbraten. Grünkern hinzufügen und kurz mitschmoren. Dann unter häufigem Umrühren 10 bis 15 Minuten bei mittlerer Hitze schmoren, dabei nach und nach das Einweichwasser der Morcheln und die Sahne hinzugießen. Die Flüssigkeit jeweils wieder einkochen lassen, bis der Eintopf sämig ist.
Inzwischen den Thymian waschen, trockenschwenken und die Blättchen von den Stielen streifen. Thymian und Zitronensaft unter den Grünkerntopf mischen und alles mit Salz und Pfeffer abschmecken.

Risotto mit Shiitake und Erbsen

1 Zwiebel
2 Knoblauchzehen
1 EL Olivenöl
2 EL Butter
100 g Rundkornreis (am besten Avorioreis)
½ l heiße Gemüsebrühe
4 EL trockener Weißwein
1 Msp Safranpulver
250 g Shiitake-Pilze
150 g TK-Erbsen
½ Bund Petersilie
2 EL Crème fraîche
Salz
frischgemahlener weißer Pfeffer

Zwiebel und Knoblauch schälen und fein hacken. Öl und 1 EL Butter in einem größeren Topf erhitzen und Zwiebel und Knoblauch darin glasig braten. Ungewaschenen Reis zugeben und mitbraten, bis alle Körner vom Fett überzogen sind. Die Gemüsebrühe mit Wein und Safran angießen. Reis bei schwacher Hitze in etwa 30 Minuten ausquellen lassen, bis die Flüssigkeit verdampft ist.
Inzwischen die Shiitake-Pilze mit Küchenpapier abreiben, von den harten Stielen befreien und in Scheiben schneiden. In der restlichen erhitzten Butter anbraten, bis die Flüssigkeit, die sich dabei bildet, wieder verdampft ist. Erbsen untermischen und alles bei schwacher Hitze zugedeckt etwa 5 Minuten ziehen lassen. Petersilie waschen, trockenschwenken und ohne die groben Stiele fein hacken. Mit der Crème fraîche zu den Pilzen geben, alles mit Salz und Pfeffer pikant abschmecken und unter den Reis mischen. Den Risotto sofort servieren.
Beilage: eventuell frischgeriebener Parmesan.

Anmerkung: Ein echter Risotto muß schön sämig sein, deshalb wird der Reis nie gewaschen, damit er noch genügend Stärke enthält. Die italienischen Rundkorn-Reissorten sind am besten geeignet, denn sie behalten trotz Sämigkeit noch einen gewissen Biß.

Avorio-Reis wird auch unter der Bezeichnung Aborio angeboten. Er bleibt beim Garen etwas kerniger als Vialone-Reis, da er wie Parboiled-Reis mit einem speziellen Verfahren vorbehandelt wird.

Pilze in Gorgonzolasauce

*1 kg gemischte Pilze
(Shiitake, Austernpilze und
Champignons oder
Egerlinge)
Saft von 1 kleinen Zitrone
2 Zwiebeln
2 Bund Petersilie*

*200 g Gorgonzola
4 EL Butter
etwa 250 g süße Sahne
Salz
frischgemahlener weißer
Pfeffer*

Die Pilze mit Küchenpapier gründlich abreiben und kurz kalt abspülen, von den groben Stielen befreien und fein schneiden. Die Pilze mit dem Zitronensaft mischen, damit sie sich nicht zu stark verfärben. Zwiebeln schälen und sehr fein hacken. Petersilie waschen, trockenschwenken und ohne die groben Stiele ebenfalls fein hacken. Gorgonzola von der Rinde befreien und in kleine Würfel schneiden.
Butter in einem großen, breiten Topf schmelzen lassen, aber nicht bräunen. Zwiebeln darin glasig braten. Pilze hinzufügen und unter Rühren bei starker Hitze etwa 5 Minuten braten, bis die Flüssigkeit, die sich dabei bildet, fast wieder verdampft ist. Gorgonzola dazugeben und unter Rühren bei schwacher Hitze schmelzen lassen. Petersilie und Sahne hinzufügen. Pilze offen noch einige Minuten köcheln lassen, bis die Sauce schön sämig ist. Pilze mit Salz und Pfeffer abschmecken und sofort servieren.
Beilage: Salzkartoffeln, Semmelknödel oder Nudeln.

Bandnudeln mit Shiitake-Lauch-Sauce

(Foto Seite 113)

2 dünne Lauchstangen
250 g Shiitake-Pilze
1 EL Zitronensaft
2 EL Butter
Salz
frischgemahlener weißer Pfeffer
100 ccm trockener Weißwein
150 g süße Sahne
400 g Bandnudeln

Lauch putzen, gründlich kalt abspülen und mit zwei Dritteln des zarten Grüns in feine Ringe schneiden. Shiitake-Pilze mit Küchenpapier gründlich abreiben, von den Stielen befreien und in schmale Streifen schneiden. Mit dem Zitronensaft mischen.

Butter in einer größeren Pfanne zerlassen, aber nicht bräunen. Lauch und Pilze hinzufügen und bei starker Hitze unter Rühren etwa 5 Minuten garen, bis die Flüssigkeit, die sich dabei bildet, wieder verdampft ist. Mit Salz und Pfeffer abschmecken. Wein und Sahne hinzufügen und alles bei mittlerer Hitze weitere 8 Minuten garen.

Inzwischen die Nudeln in reichlich sprudelnd kochendem Salzwasser bei mittlerer bis starker Hitze »al dente« kochen. Die Nudeln abgießen, abtropfen lassen und sogleich mit der Pilzsauce mischen. Die Nudeln sofort servieren.

Beilage: eventuell frischgeriebener Parmesankäse und gemischter Salat.

Safranrisotto mit Austernpilzen

(Foto Seite 145)

250 g Austernpilze
1 Schalotte
5 EL Butter
350 g italienischer Rundkornreis (Avorio oder Vialone)
etwa 1 l heiße Gemüsebrühe
Salz
frischgemahlener weißer Pfeffer
1 Döschen Safranpulver
50 g frischgeriebener Parmesankäse
½ Bund Basilikum

Austernpilze mit Küchenpapier gründlich abreiben, von den dicken Stielen befreien und in kleinere Stücke schneiden. Schalotte schälen und fein hacken.
2 EL Butter in einem Topf zerlassen, aber nicht bräunen. Schalotte darin glasig dünsten. Pilze hinzufügen und kurz bei starker Hitze anbraten. Ungewaschenen Reis hinzufügen und mitbraten, bis alle Körner von Fett überzogen sind. Etwa ein Viertel der Brühe angießen. Den Reis bei schwacher Hitze etwa 25 Minuten garen. Dabei immer wieder durchrühren und nach und nach die restliche Brühe angießen. Risotto salzen und pfeffern. Safran, restliche Butter und Parmesan unterziehen. Basilikum waschen, trockenschwenken und ohne die groben Stiele in feine Streifen schneiden. Risotto in vorgewärmte Teller verteilen und mit dem Basilikum bestreut sofort servieren.

Austernpilz-Ravioli mit Shiitake-Gemüse

(Foto Seite 144)

Teig:
300 g Mehl
Salz
2 Eier
1 EL kaltgepreßtes Olivenöl
eventuell etwas lauwarmes Wasser

Füllung:
1 Schalotte
250 g Austernpilze
2 EL Butter
150 g Ricotta (italienischer Frischkäse)
2 EL frischgeriebener Parmesan
1 Eigelb
Salz
frischgemahlener weißer Pfeffer

Gemüse:
350 g Shiitake-Pilze
2 EL Butter
2 dünne Lauchstangen
$1/8$ l trockener Weißwein
2 EL Crème fraîche
Salz
Cayennepfeffer
1 EL frischgehackte Petersilie

Für den Teig Mehl mit Salz, Eiern, Öl und eventuell etwas lauwarmem Wasser mit den Händen oder Knethaken des Handrührgerätes zu einem glatten geschmeidigen Teig verkneten. Der Teig soll weich sein, darf aber nicht an den Fingern kleben. Bei Bedarf noch etwas Wasser beziehungsweise Mehl unterarbeiten. Teig zu einer Kugel formen, in Pergamentpapier wickeln und bei Zimmertemperatur etwa 1 Stunde ruhen lassen.
Inzwischen für die Füllung Schalotte schälen und fein hacken. Austernpilze mit Küchenpapier gründlich abreiben, von den groben Stielen befreien und in kleine Würfel schneiden. Butter in einer Pfanne erhitzen. Schalotte darin glasig braten. Pilze hinzufügen und bei starker Hitze unter Rühren braten, bis die Flüssigkeit, die sich dabei

bildet, wieder verdampft ist. Masse abkühlen lassen, dann mit dem Ricotta, dem Parmesan und dem Eigelb vermengen. Füllung mit Salz und Pfeffer abschmecken.
Nudelteig noch einmal durchkneten und auf der leicht bemehlten Arbeitsfläche oder in der Nudelmaschine zu dünnen Platten ausrollen. Die Hälfte der Platten in Abständen von etwa 3 cm mit je etwa 1 TL Füllung belegen. Die Teigplatten zwischen der Füllung jeweils mit kaltem Wasser bestreichen. Restliche Teigplatten darüberdecken, zwischen der Füllung gut andrücken und mit einem Teigrädchen oder einem Messer in Ravioli teilen. Ränder der Ravioli mit einer Gabel gut zusammendrükken.
Für das Gemüse Shiitake-Pilze mit Küchenpapier abreiben, von den Stielen befreien und in Streifen schneiden. Lauch putzen, gründlich waschen und mit dem zarten Grün in schmale Ringe schneiden. Butter in einer Pfanne erhitzen. Pilze darin unter Rühren etwa 5 Minuten braten. Lauch hinzufügen und einige Minuten mitbraten. Weißwein hinzufügen und bei starker Hitze unter Rühren fast einkochen lassen. Crème fraîche unterrühren und das Gemüse mit Salz und Cayennepfeffer abschmekken. Zugedeckt warm halten.
Ravioli in reichlich sprudelnd kochendem Salzwasser in etwa 3 Minuten bißfest garen. Abtropfen lassen und auf vorgewärmte Teller verteilen. Pilzgemüse daraufgeben und mit der Petersilie bestreut servieren.

Anmerkung: Wenn Sie gerne und oft selbst Nudeln zubereiten, lohnt sich die Anschaffung einer Nudelmaschine. Der Teig wird dann geschmeidiger und läßt sich wesentlich dünner ausrollen. Die meisten Maschinen, die übrigens nicht teuer sind, haben verschiedene Einsätze für dünne und breite Nudeln sowie für Teigplatten.

Paprikaschoten
mit Pilz-Mozzarella-Füllung

1 kg Tomaten
1 Zwiebel
2 Knoblauchzehen
4 gleich große Paprika-
schoten
400 g Champignons oder
Egerlinge
1—2 EL Zitronensaft
300 g Mozzarella
½ Bund frischer Thymian
Salz
frischgemahlener
schwarzer Pfeffer
Cayennepfeffer
1 EL Olivenöl
1 EL trockener Rotwein
1 Prise Zucker

Tomaten mit kochendem Wasser überbrühen, kurz darin ziehen lassen, kalt abschrecken und häuten. Tomaten klein würfeln, dabei die Stielansätze entfernen. Zwiebel und Knoblauchzehen schälen und sehr fein hacken. Paprikaschoten waschen und abtrocknen. Von jeder Schote den Deckel abschneiden, aus diesem den Stielansatz entfernen. Die Trennwände und die Kerne aus den Schoten lösen. Die Pilze putzen und eventuell kurz kalt abspülen, dann je nach Größe halbieren und vierteln. Die Pilze mit dem Zitronensaft mischen, damit sie sich nicht zu stark verfärben. Die Mozzarella abtropfen lassen und in kleine Würfel schneiden. Den Thymian waschen, trockenschwenken und die Blättchen von den Stielen abstreifen.

Die Pilze mit den Mozzarellawürfeln, etwa 1 EL der Tomaten, etwas Knoblauch und dem Thymian mischen und mit Salz, Pfeffer und Cayennepfeffer pikant abschmecken. Paprikaschoten salzen und mit der Pilzmasse füllen. Olivenöl in einem Topf erhitzen, der so groß sein soll, daß die Schoten nebeneinander darin Platz haben. Zwiebel und restlichen Knoblauch darin glasig dünsten. Tomaten und Rotwein hinzufügen und etwa 10 Minuten köcheln

lassen. Tomaten mit Salz, Pfeffer und Zucker abschmekken. Deckel auf die Paprikaschoten legen, die Schoten in die Tomatensauce setzen und zugedeckt bei schwacher Hitze etwa 40 Minuten schmoren. Paprikaschoten mit der Sauce servieren.
Beilage: Salzkartoffeln oder körnig gegarter Reis.

Anmerkung: Noch feiner schmeckt die Sauce, wenn Sie die Paprikaschoten häuten. Dafür die Paprikaschoten waschen und bei 200°C etwa 40 Minuten auf dem Rost in den Backofen schieben, bis die Haut Blasen wirft. Die Schoten dann mit einem feuchten Tuch abdecken und kurz stehenlassen, dann läßt sich die Haut leicht abziehen.

Kartoffelgnocchi mit Pilzsahne

500 g mehligkochende Kartoffeln
Salz
150 g Mehl
2 EL Weizengrieß
1 Ei
1 Eigelb
frischgemahlener weißer Pfeffer

250 g Shiitake-Pilze
1 EL Zitronensaft
1 Bund Petersilie
1 Schalotte
1 Knoblauchzehe
1 EL Butter
100 g Crème fraîche
1 EL frischgeriebener Parmesan

Kartoffeln unter fließendem Wasser sauber bürsten, dann in wenig Salzwasser mit der Schale in 30 Minuten weich kochen. Die Kartoffeln schälen und heiß durch die Kartoffelpresse drücken. Mehl, Grieß, Ei und Eigelb untermischen. Der Teig soll weich, aber gut formbar sein. Bei Bedarf noch etwas Mehl beziehungsweise 1 weiteres Eigelb unterkneten. Masse mit Salz und Pfeffer abschmecken.

Für die Sauce Pilze mit Küchenpapier abreiben, von den Stielen befreien und in Streifen schneiden. Pilze mit dem Zitronensaft mischen. Petersilie waschen, trockenschwenken und ohne die groben Stiele fein hacken. Schalotte und Knoblauch schälen und ebenfalls fein hacken.
Butter in einem Topf schmelzen lassen, aber nicht bräunen. Schalotte und Knoblauch darin glasig dünsten. Pilze hinzufügen und bei starker Hitze unter Rühren braten, bis die Flüssigkeit, die sich dabei bildet, wieder verdampft ist. Crème fraîche und Käse unterrühren und die Sauce garen, bis sich der Käse gelöst hat. Sauce mit Salz und Pfeffer abschmecken und zugedeckt warm halten.
Für die Gnocchi reichlich Salzwasser zum Kochen bringen. Aus dem Kartoffelteig Gnocchi (Nocken) formen und in das kochende Wasser gleiten lassen. Die Gnocchi so lange garen, bis sie an die Oberfläche steigen. Dann mit einem Schaumlöffel aus dem Wasser heben und auf vorgewärmte Teller verteilen. Die Pilzsauce darübergeben und die Gnocchi sofort servieren.
Beilage: gemischter Salat und eventuell noch etwas geriebener Parmesan.

Anmerkung: Für dieses Gericht müssen Sie wirklich mehlige Kartoffeln verwenden, sonst hält der Teig nicht gut zusammen und kocht beim Garen ab. Mehlige Sorten sind Datura, Irmgard und Maritta.

Shiitake-Putenröllchen auf Tomatensahne ▷
(Rezept S. 75)

Kartoffel-Pilz-Curry

600 g festkochende Kartoffeln
600 g kleine Champignons
1—2 EL Zitronensaft
1 Zwiebel
1 Knoblauchzehe
1 Stücke frischer Ingwer
1 frische rote Pfefferschote
2 TL Gelbwurz (Kurkuma)
2 TL gemahlener Kreuzkümmel
1 TL gemahlener Koriander
3 EL Sonnenblumenöl
5 Gewürznelken
1 Stück Zimtstange
350 ccm Gemüsebrühe
Salz
1 Bund Petersilie

Kartoffeln schälen, waschen und in Würfel schneiden. Pilze putzen und eventuell kurz kalt abspülen, dann je nach Größe ganz lassen oder halbieren. Pilze mit dem Zitronensaft mischen, damit sie sich nicht zu stark verfärben. Zwiebel und Knoblauch schälen und fein hacken. Ingwer ebenfalls schälen und in kleine Würfel schneiden. Pfefferschote vom Stielansatz befreien und längs halbieren. Die Kerne gründlich entfernen und die Schotenhälften kalt abspülen. Kurkuma, Kreuzkümmel und Koriander in einem Schälchen mischen.

Öl in einem Schmortopf erhitzen. Zwiebel, Knoblauch, Ingwer, Pfefferschotenhälften, Gewürznelken und Zimtstange hinzufügen und unter Rühren braten, bis die Zwiebel glasig ist. Kartoffeln und Pilze hinzufügen und bei starker Hitze anbraten. Gewürzmischung untermischen, Brühe angießen und das Gemüse salzen. Das Curry zugedeckt bei schwacher Hitze etwa 20 Minuten garen, bis die Kartoffeln weich sind.

Inzwischen die Petersilie waschen, trockenschwenken und ohne die groben Stiele fein hacken. Curry von den Gewürznelken und der Zimtstange befreien und eventuell noch einmal abschmecken, dann mit der Petersilie bestreut servieren.

Beilage: gemischter Salat.

◁ Bandnudeln mit Shiitake-Lauch-Sauce
(Rezept S. 106)

Kohlrouladen mit Hirse-Pilz-Füllung und Paprikasauce

Für 6 Personen:

100 g Hirse
gut 200 ccm Wasser
1 Weißkohl von etwa 1 kg
750 g Tomaten
je 1 rote, gelbe und grüne
Paprikaschote
1 Zwiebel
2 Knoblauchzehen

150 g Austernpilze
1 Bund Petersilie
1 Ei
Salz
frischgemahlener weißer
Pfeffer
Cayennepfeffer
2 EL Olivenöl
100 g Crème fraîche

Hirse mit dem Wasser in einen Topf geben, 5 Minuten kochen, dann auf der ausgeschalteten Kochstelle quellen lassen, bis alle anderen Zutaten vorbereitet sind.
Kohlkopf waschen und den Strunk kürzen. Kohlkopf in reichlich sprudelnd kochendem Wasser etwa 6 Minuten kochen. Kohlkopf kalt abschrecken und 12 Blätter ablösen. Kohlkopf dann wieder ins kochende Wasser geben und weitere 5 Minuten kochen. Dann noch einmal kalt abschrecken und fein zerkleinern. Dabei den Strunk und die dicken Blattrippen entfernen.
Tomaten mit kochendem Wasser überbrühen, kurz darin ziehen lassen, kalt abschrecken und häuten. Die Tomaten klein würfeln, dabei die Stielansätze entfernen. Paprikaschoten waschen, von Stielansätzen und den Trennwänden mit den Kernen befreien und in Würfel schneiden. Zwiebel und Knoblauchzehen schälen und fein hacken. Austernpilze mit Küchenpapier abreiben, von den dicken Stielen befreien und klein würfeln. Die Petersilie waschen, trockenschwenken und ohne die groben Stiele fein hacken.
Hirse etwas abkühlen lassen, dann mit den Pilzen, der

Petersilie, dem zerkleinerten Weißkohl, etwa 1 EL der Tomaten und dem Ei mischen. Die Masse mit Salz, Pfeffer und Cayennepfeffer abschmecken.
Kohlblätter auf der Arbeitsfläche ausbreiten. Füllung daraufgeben. Kohlblätter aufrollen und mit Küchengarn verschnüren. Öl in einem größeren Schmortopf erhitzen. Zwiebel und Knoblauch darin glasig dünsten. Paprikaschoten hinzufügen und kurz anbraten. Restliche Tomaten untermischen und die Sauce mit Salz und Pfeffer abschmecken. Kohlrouladen in die Sauce legen und zugedeckt bei schwacher Hitze etwa 30 Minuten schmoren. Dabei einmal wenden.
Kohlrouladen aus der Sauce nehmen. Crème fraîche unter die Sauce rühren und diese noch einmal mit Salz und Pfeffer abschmecken. Kohlrouladen vom Küchengarn befreien, dann mit der Sauce auf vorgewärmten Tellern servieren.
Beilage: Kartoffeln.

Anmerkung: Statt Weißkohl schmeckt auch Spitzkohl oder Wirsing sehr gut.

Kartoffelpuffer
mit Pilz-Tomaten-Gemüse

1 kg mehligkochende
Kartoffeln
1 Ei
3—4 EL Mehl
Salz
400 g Champignons
1 EL Zitronensaft
750 g Tomaten
1 EL Butter

etwa 80 ccm trockener
Rotwein
2 EL Crème fraîche
frischgemahlener
schwarzer Pfeffer
1 Prise Zucker
6—7 EL Öl
½ Bund Petersilie

Die Kartoffeln schälen, waschen und auf der Rohkostreibe oder in der elektrischen Küchenmaschine fein zerkleinern. Kartoffelmasse in eine Schüssel geben und mit dem Ei, Mehl und Salz zu einem Teig verrühren.
Für das Pilzgemüse putzen und eventuell kurz kalt abspülen, dann vierteln. Pilze mit dem Zitronensaft mischen, damit sie sich nicht zu stark verfärben. Tomaten mit kochendem Wasser überbrühen, kurz darin ziehen lassen, kalt abschrecken und häuten. Tomaten klein würfeln, dabei die Stielansätze entfernen. Butter in einem Topf erhitzen, Pilze darin einige Minuten braten, bis die Flüssigkeit, die sich dabei bildet, wieder verdampft ist. Tomaten und Rotwein untermischen und alles noch einmal aufkochen. Crème fraîche unterrühren, das Gemüse mit Salz, Pfeffer und Zucker abschmecken und bei schwächster Hitze zugedeckt stehenlassen.
Für die Kartoffelpuffer in einer Pfanne Öl erhitzen. Mit einem Eßlöffel von dem Kartoffelteig kleine Häufchen abnehmen und in die Pfanne geben. Etwas flach drücken und bei mittlerer bis starker Hitze braten, bis die Puffer an den Rändern braun werden und sich vom Pfannenboden lösen. Puffer wenden und auf der zweiten Seite eben-

falls braten. Auf diese Weise alle Kartoffelpuffer garen. Gebratene Puffer jeweils im Backofen warm halten.
Inzwischen die Petersilie waschen, trockenschwenken und ohne die groben Stiele fein hacken. Wenn alle Puffer gebraten sind, die Petersilie unter das Pilzgemüse mischen. Die Kartoffelpuffer mit dem Pilzgemüse auf vorgewärmten Tellern verteilen.

Süßsaures Gemüse mit Mu-Err-Pilzen

10 g Mu-Err-Pilze
200 ccm Wasser
400 g Blumenkohlröschen
300 g Mangold
100 g Möhren
1 rote Paprikaschote
1 säuerlicher Apfel
1 EL Zitronensaft
1 Banane
5—6 Zwetschgen
1 weiße Zwiebel
2 Knoblauchzehen
1 Stück frische Ingwerwurzel
¼ Bund frische Pfefferminze
3 EL Sonnenblumenöl
Salz
frischgemahlener schwarzer Pfeffer
1—2 EL Kräuteressig

Pilze kalt waschen, in ein Schälchen geben und mit dem Wasser übergießen. Pilze etwa 4 Stunden quellen lassen, bis sie etwa dreimal so groß sind.
Blumenkohlröschen putzen und waschen. Mangold ebenfalls waschen. Blätter von den Stielen schneiden und grob hacken. Stiele in kleine Stücke schneiden. Möhren schälen, waschen und in Stifte schneiden. Paprikaschote ebenfalls waschen, vom Stielansatz und den Trennwänden mit den Kernen befreien und in Streifen schneiden. Äpfel schälen, vom Kerngehäuse befreien und in Schnitze schneiden. Mit dem Zitronensaft mischen, damit sie sich nicht so stark verfärben. Banane in dickere Scheiben schnei-

den. Zwetschgen waschen, entsteinen und in Schnitze schneiden. Zwiebel und Knoblauch schälen und fein hacken. Pilze kalt abspülen und in Streifen schneiden, Einweichwasser aufbewahren.
Öl in einer größeren Pfanne erhitzen. Zwiebel, Knoblauch und Ingwer darin glasig braten. Gemüse außer den Mangoldblättern hinzufügen und unter Rühren kurz anbraten. Das Einweichwasser der Pilze hinzufügen und das Gemüse zugedeckt bei mittlerer Hitze etwa 4 Minuten garen. Pilze, Mangoldblätter und Obst untermischen und alles weitere 5 Minuten zugedeckt garen.
Inzwischen Pfefferminze waschen, trockenschwenken und ohne die groben Stiele fein hacken. Pfefferminze unter das Gemüse mischen und alles mit Salz, Pfeffer und dem Essig pikant süßsauer abschmecken.
Beilage: körnig gegarter Reis oder auch einfach nur Fladenbrot.

Bulgur mit Broccoli und Austernpilzen

250 g Bulgur
1 Schalotte
1 Knoblauchzehe
2 EL Sonnenblumenöl
½ l Gemüsebrühe
250 g Austernpilze
1 EL Zitronensaft

250 g Broccoli
1 EL Butter
100 g süße Sahne
Salz
frischgemahlener weißer Pfeffer
1 Bund Basilikum

Bulgur in einem Sieb kalt abspülen, dann gut abtropfen lassen. Schalotte und Knoblauchzehe schälen und fein hacken. Öl in einem Topf erhitzen. Schalotte und Knoblauch darin glasig dünsten. Bulgur untermischen und unter Rühren mitbraten, bis er vom Fett überzogen ist. Gemüsebrühe angießen und zum Kochen bringen. Bulgur dann zugedeckt bei schwacher Hitze in etwa 20 Minuten körnig ausquellen lassen.

Inzwischen Austernpilze mit Küchenpapier gründlich abreiben, von den dicken Stielen befreien und in Stücke schneiden. Mit dem Zitronensaft mischen. Broccoli waschen und die Röschen abtrennen, Stiele schälen und in kleine Stücke schneiden.

Butter in einem Topf erhitzen und die Broccolistiele darin anbraten. Pilze hinzufügen und unter Rühren braten, bis die Flüssigkeit, die sich dabei bildet, wieder verdampft ist. Broccoliröschen und Sahne untermischen, alles mit Salz und Pfeffer abschmecken und das Gemüse zugedeckt bei schwacher Hitze bißfest garen.

Inzwischen Basilikum waschen, trockenschwenken und ohne die groben Stiele fein hacken. Pilzgemüse unter den gegarten Bulgur mischen und alles noch einmal mit Salz und Pfeffer abschmecken. Mit dem Basilikum bestreut in vorgewärmten Tellern servieren.

Anmerkung: Bulgur ist vorgekochter, geschälter und grob vermahlener Weizen. Sie bekommen ihn in manchen Naturkostläden sowie in türkischen Lebensmittelgeschäften. Im Reformhaus gibt es ein ähnliches Produkt, das unter der Bezeichnung »Thermo-Weizengrütze« verkauft wird.

Sautierte Pilze mit Gemüse

5 getrocknete Mu-Err-Pilze
⅛ l Wasser
je 150 g Austernpilze, Shiitake-Pilze und Egerlinge
200 g junge Möhren
2 dünne Stangen Lauch
2 Knoblauchzehen
1 Bund Petersilie
2 EL Olivenöl
Salz
frischgemahlener weißer Pfeffer

Mu-Err-Pilze in dem Wasser 5 Stunden einweichen. Dann kalt abspülen und in Streifen schneiden. Einweichwasser durch eine Kaffeefiltertüte gießen und beiseite stellen.
Frische Pilze putzen und eventuell kurz kalt abspülen. Austernpilze je nach Größe ganz lassen oder halbieren. Shiitake und Egerlinge in Scheiben schneiden. Möhren schälen, waschen und in Stifte schneiden. Lauch putzen, gründlich kalt abspülen und mit zwei Dritteln des zarten Grüns in feine Ringe schneiden. Knoblauch schälen und fein hacken. Petersilie waschen, trockenschwenken und ohne die groben Stiele ebenfalls fein hacken.
Öl in einer großen Pfanne erhitzen. Möhren und Austernpilze darin unter Rühren etwa 2 Minuten anbraten. Lauch und restliche Pilze dazugeben und mitbraten, bis sie gebräunt sind und ein Teil der Flüssigkeit, die sich dabei bildet, wieder verdampft ist. Einweichwasser und Pilze und den Knoblauch dazugeben und alles einmal aufkochen lassen. Pilze mit Salz und Pfeffer abschmecken und mit der Petersilie bestreut servieren.
Beilage: Hirse mit Tomaten und Kräutern.

Tofu mit Pilzen in Zitronensauce

2 Schalotten
1 Knoblauchzehe
½ Bund frischer Thymian
300 g Tofu
Salz
Cayennepfeffer

frischgemahlener weißer Pfeffer
400 g kleine Champignons oder Egerlinge
Saft von 1 Zitrone
2 EL Butter
200 g Crème fraîche

Schalotten und Knoblauch schälen und sehr fein hacken. Thymian waschen, trockenschwenken und die Blättchen von den Stielen streifen. Tofu abtropfen lassen und in kleine Würfel schneiden, dann mit Salz, Pfeffer und Cayennepfeffer würzen. Pilze putzen und eventuell kurz kalt abspülen, dann je nach Größe halbieren oder ganz lassen. Pilze mit einem Teil des Zitronensaftes mischen, damit sie sich nicht zu stark verfärben.

Die Hälfte der Butter in einer Pfanne schmelzen, aber nicht braun werden lassen. Den Tofu darin unter Wenden bei mittlerer Hitze rundherum knusprig braun braten. Tofu dann aus der Pfanne nehmen und beiseite stellen.

Restliche Butter in der Pfanne zerlaufen lassen und Schalotten und Knoblauch darin braten. Pilze und Thymian hinzufügen und unter Rühren einige Minuten anbraten. Crème fraîche und restlichen Zitronensaft untermischen und bei starker Hitze etwas einkochen lassen. Mit Salz und Pfeffer abschmecken. Tofu wieder untermischen und in der Sauce erwärmen.

Beilage: körnig gegarter Reis.

Anmerkung: Tofu wird aus Sojamilch hergestellt. Er ist reich an hochwertigem pflanzlichen Eiweiß und hat nur sehr wenige Kalorien. Er läßt sich sehr vielseitig verwenden. Da er aber einen relativ geringen Eigengeschmack hat, müssen Sie ihn immer gut würzen. Tofu können Sie in Naturkostläden, Reformhäusern und in asiatischen Feinkostgeschäften kaufen. Angebrochenen Tofu können Sie in einem verschlossenen Gefäß mit Wasser im Kühlschrank etwa 1 Woche aufbewahren. Das Wasser sollten Sie jedoch jeden Tag erneuern.

Gerichte aus dem Backofen

Gratinierte Austernpilze mit Roquefort-Walnuß-Kruste

600 g Austernpilze
1 EL Zitronensaft
50 g Walnußkerne
150 g Roquefort
1 Fleischtomate
2 EL Crème fraîche

5 EL süße Sahne
Salz
frischgemahlener weißer Pfeffer
1 Bund Schnittlauch

Die Austernpilze von den groben Stielen befreien, mit Küchenpapier gut abreiben und dachziegelartig in eine größere feuerfeste Form legen. Mit dem Zitronensaft beträufeln. Walnußkerne mit einem großen schweren Messer fein hacken. Roquefort von der Rinde befreien und klein würfeln. Tomate mit kochendem Wasser überbrühen, kurz ziehen lassen, kalt abschrecken und häuten. Tomaten ebenfalls klein würfeln, dabei den Stielansatz entfernen. Den Backofen auf 220°C vorheizen.
Nüsse, Käse und Tomate mit Crème fraîche und Sahne mischen und mit wenig Salz und reichlich Pfeffer abschmecken. Masse über den Pilzen verteilen. Pilze auf

der mittleren Schiene des heißen Backofens etwa 25 Minuten garen, bis die Oberfläche schön gebräunt ist. Inzwischen den Schnittlauch waschen, trockentupfen und in feine Röllchen schneiden. Die Pilze mit dem Schnittlauch bestreut servieren.
Beilage: gebratene neue Kartoffeln oder Brot.

Anmerkung: Statt Austernpilzen schmecken auch Champignons (in Viertel geschnitten) oder Shiitake-Pilze. Und statt Roquefort können Sie jeden anderen Blauschimmelkäse verwenden. Selbstverständlich schmeckt das Gericht auch mit anderen Nüssen oder Samen wie zum Beispiel Mandeln, Kürbiskernen, Sesam oder Sonnenblumenkernen.

Champignon-Lasagne mit Gorgonzolasauce

Für 4—5 Personen:

2 dünne Stangen Lauch
500 g Champignons
Saft von ½ Zitrone
2 Knoblauchzehen
1 großes Bund Petersilie
Salz
frischgemahlener weißer Pfeffer

200 g Gorgonzola
200 g süße Sahne
50 ccm Milch
½ Bund frischer Thymian
40 g frischgeriebener Parmesan
etwa 250 g Lasagneblätter (ohne Vorkochen verwendbar)
150 g Mozzarella

Lauch gründlich kalt waschen, putzen und mit zwei Dritteln des zarten Grüns in feine Ringe schneiden. Champignons putzen und eventuell kurz kalt abspülen, dann vierteln. Pilze mit dem Zitronensaft mischen, damit sie

sich nicht zu stark verfärben. Knoblauchzehen fein hakken. Die Petersilie waschen, trockenschwenken und ohne die groben Stiele fein hacken. Pilze und Lauch mit Knoblauch und Petersilie mischen und mit Salz und Pfeffer abschmecken.
Für die Sauce den Gorgonzola gegebenenfalls von der Rinde befreien, dann klein würfeln. Den Gorgonzola mit der Sahne und der Milch in einem kleinen Topf mischen und bei schwacher Hitze unter Rühren erwärmen, bis der Gorgonzola geschmolzen ist. Inzwischen den Thymian waschen, trockenschwenken und die Blättchen von den Stielen streifen. Parmesan und den Thymian unter die Sauce mischen und alles noch einmal kurz erhitzen. Den Backofen auf 200°C vorheizen.
Eine größere feuerfeste Form mit etwas Gorgonzola ausgießen. Dann mit Lasagneblättern belegen und mit einem Teil der Pilzmischung bedecken. Pilze mit etwas Sauce begießen. Auf diese Weise die Zutaten in die Form schichten. Mit einer Lage Nudelblättern abschließen und diese mit der restlichen Sauce übergießen. Mozzarella abtropfen lassen, in dünne Scheiben schneiden und auf die Lasagne legen. Die Lasagne in die mittlere Schiene des Backofens geben und etwa 40 Minuten garen, bis die Oberfläche gebräunt ist und die Nudelblätter weich sind.
Beilage: gemischter Salat und eventuell Brot.

Anmerkung: Wenn Sie einmal keine Lasagneblätter bekommen, die Sie ohne Vorkochen verwenden können, müssen Sie die Nudelblätter etwa 4 Minuten in sprudelnd kochendem Salzwasser garen und anschließend gründlich kalt abschrecken, bevor Sie sie in die Form schichten können.

Pilz-Zucchini-Strudel mit Knoblauchjoghurt

Für den Teig:
200 g Mehl
1 Prise Salz
etwa 90 ccm lauwarmes Wasser
3 EL Sonnenblumenöl
1 Eigelb

Für die Füllung:
1 Bund Frühlingszwiebeln
200 g Tomaten
200 g Champignons
200 g Shiitake-Pilze
2 EL Zitronensaft
250 g junge Zucchini
1 Bund frischer Thymian
Salz
frischgemahlener weißer Pfeffer
200 g Crème fraîche
30 g Butter

Für die Sauce:
3 Knoblauchzehen
1 Bund Dill
350 g Joghurt
1 TL kaltgepreßtes Olivenöl
Salz
frischgemahlener weißer Pfeffer

Für den Teig Mehl mit Salz, Wasser, Öl und Eigelb zu einem glatten, geschmeidigen Teig verkneten. Der Teig soll formbar und fest, aber keinesfalls bröckelig sein. Bei Bedarf noch etwas Mehl beziehungsweise Wasser unterkneten. Den Teig zu einer Kugel formen und in Pergamentpapier wickeln. In einem Topf Wasser zum Kochen bringen. Das Wasser dann abgießen und den Teig in den angewärmten Topf legen. Den Teig darin 30 Minuten zugedeckt ruhen lassen.

Inzwischen für die Füllung die Frühlingszwiebeln putzen und gründlich kalt waschen, dann mit etwa zwei Dritteln des zarten Grüns in feine Ringe schneiden. Tomaten mit kochendem Wasser überbrühen, kurz darin ziehen lassen, kalt abschrecken und häuten. Die Tomaten dann klein würfeln, dabei die Stielansätze entfernen. Pilze putzen, kurz kalt abspülen beziehungsweise mit Küchenpapier abreiben. Die Shiitake von den dicken Stielen befreien. Die Pilze in Scheiben schneiden und mit dem Zitronensaft mischen, damit sie sich nicht zu stark verfärben. Zucchini waschen, von den Stiel- und Blütenansätzen befreien und in Stifte schneiden. Thymian waschen, trockenschwenken und die Blättchen von den Stielen streifen. Gemüse mit den Pilzen und dem Thymian mischen und mit Salz und Pfeffer abschmecken.

Den Teig halbieren. Die erste Portion auf einem bemehlten Küchentuch dünn ausrollen, dann mit bemehlten Händen so dünn wie möglich ausziehen. Die Butter in einem Topf bei schwacher Hitze schmelzen lassen. Das Backblech oder die Fettpfanne mit etwas Butter ausstreichen. Die Teigplatte ebenfalls mit etwas Butter bestreichen. Die Hälfte der Gemüsemischung auf dem Teig verteilen, dabei einen etwa 2 cm breiten Rand frei lassen. Das Gemüse mit der Hälfte der Crème fraîche beträufeln. Die Teigränder über der Füllung etwas nach innen klappen. Den Strudel mit Hilfe des Tuches aufrollen und in die Fettpfanne gleiten lassen. Die zweite Teigportion ebenso füllen und aufrollen. Den Backofen auf 220 °C vorheizen.

Die Strudel mit der restlichen Butter bestreichen, in die mittlere Schiene des Ofens geben und etwa 25 Minuten garen, bis sie schön gebräunt sind. Dabei ein- bis zweimal mit der Flüssigkeit bestreichen, die sich im Backblech sammelt.

Inzwischen für die Sauce Knoblauch schälen und durch die Knoblauchpresse drücken. Dill waschen, trockenschwenken und ohne die groben Stiele fein hacken. Den Knoblauch und den Dill mit dem Joghurt und dem Öl verrühren und mit Salz und Pfeffer abschmecken. Die Strudel mit der Sauce servieren.

Vollkorncalzone
mit Pilz-Tomaten-Füllung

Für 4—6 Personen:

Teig:
500 g Weizenvollkornmehl
42 g frische Hefe
etwa ⅛ l lauwarme Milch
1 Prise Zucker
etwa ¼ l lauwarmes
Wasser
3 EL Sonnenblumenöl
Salz

Füllung:
1 Bund Frühlingszwiebeln
2 Knoblauchzehen
400 g Tomaten
400 g Champignons,
Egerlinge oder Shiitake-
Pilze
2 EL Zitronensaft
1 Bund frischer Thymian
300 g Mozzarella
100 g frischgeriebener
Pecorino
frischgemahlener weißer
Pfeffer

Öl zum Bestreichen

Vollkornmehl in eine Schüssel geben und in die Mitte eine Mulde drücken. Hefe zerbröckeln, in einem Schälchen mit etwas Milch und dem Zucker verrühren und in die Mulde geben. Vorteig mit etwas Mehl bestäuben und zugedeckt etwa 15 Minuten gehen lassen, bis sich Bläschen zeigen. Dann die restliche Flüssigkeit, das Öl und Salz hinzufügen und alles zu einem glatten, geschmeidigen Teig verkneten. Er soll weich sein, darf aber nicht an den Fingern kleben. Bei Bedarf noch etwas Mehl beziehungsweise lauwarmes Wasser unterarbeiten. Teig wieder in die Schüssel geben und zugedeckt an einem warmen Ort etwa 1 Stunde gehen lassen, bis sich sein Volumen fast verdoppelt hat.

Inzwischen Frühlingszwiebeln putzen, gründlich waschen und mit dem zarten Grün in feine Ringe schneiden. Knoblauch schälen und fein hacken. Tomaten mit kochendem Wasser überbrühen, kurz darin ziehen lassen, kalt abschrecken und häuten. Tomaten in kleine Würfel schneiden, dabei die Stielansätze und einen Teil der Kerne entfernen. Pilze putzen und eventuell kurz kalt abspülen beziehungsweise mit Küchenpapier abreiben, dann in kleine Stücke schneiden. Pilze mit Zitronensaft mischen, damit sie sich nicht zu stark verfärben. Thymian waschen, trockenschwenken und die Blättchen von den Stielen streifen. Mozzarella abtropfen lassen und in kleine Würfel schneiden. Frühlingszwiebeln, Knoblauch, Tomaten, Pilze, Thymian, Mozzarella und Pecorino mischen und mit Salz und Pfeffer abschmecken.

Hefeteig in zwei Portionen teilen. Jede Portion auf wenig Mehl zu einer runden Platte ausrollen. Erste Platte auf ein mit Öl bestrichenes Backblech legen. Hälfte der Füllung auf der Hälfte des Teiges verteilen. Andere Teighälfte darüber klappen und die Ränder mit einer Gabel gut zusammendrücken. Mit der zweiten Teigportion ebenso verfahren. Calzone mit einem Tuch bedecken und noch einmal etwa 15 Minuten gehen lassen. Den Backofen auf 200 °C vorheizen.

Calzone mit Öl bestreichen, dann auf der mittleren Schiene etwa 45 Minuten backen, bis der Teig schön gebräunt ist.

Beilage: gemischter Salat.

Anmerkung: Statt Tomaten können Sie für die Füllung auch blanchierten Spinat oder Mangold verwenden und den Mozzarella können Sie zur Hälfte durch schnittfesten Ricotta ersetzen.

Reisauflauf mit Pilzen und Schinken

150 g Langkornreis
Salz
1 Zwiebel
1 Knoblauchzehe
1 Bund Petersilie
300 g Zucchini
400 g gemischte Pilze
(Shiitake, Austernpilze
und Egerlinge oder
Champignons)
Saft von ½ Zitrone
100 g gekochter Schinken
frischgemahlener weißer
Pfeffer
Cayennepfeffer
3 Eier
150 g süße Sahne
75 g frischgeriebener
Parmesan
1 EL Butter

Reis in einem Sieb gründlich kalt abspülen, bis das ablaufende Wasser klar ist. Den Reis dann mit der doppelten Menge Wasser und etwas Salz in einem Topf zum Kochen bringen. Den Reis dann zugedeckt bei schwacher Hitze in etwa 15 Minuten körnig ausquellen lassen.

Inzwischen Zwiebel und Knoblauchzehe schälen und sehr fein hacken. Petersilie waschen, trockenschwenken und ohne die groben Stiele ebenfalls sehr fein hacken. Einen Teil der Petersilie zum Bestreuen des fertigen Auflaufs zugedeckt beiseite stellen. Zucchini waschen, von den Stiel- und Blütenansätzen befreien und ungeschält in Stifte von etwa ½ cm Dicke schneiden. Pilze putzen und mit Küchenpapier abreiben oder kurz kalt abspülen, dann in kleine Stücke schneiden und mit dem Zitronensaft mischen, damit sie sich nicht zu stark verfärben. Schinken vom Fettrand befreien und würfeln.

Den gegarten Reis mit der Zwiebel, dem Knoblauch, der Petersilie, den Zucchini, den Pilzen und dem Schinken mischen und mit Salz, Pfeffer und Cayennepfeffer pikant abschmecken. Backofen auf 220°C vorheizen.

Eier trennen. Eigelb mit Sahne und Käse verquirlen und

unter die Reismasse mischen. Eiweiß mit einer Prise Salz zu steifem Schnee schlagen und vorsichtig unterheben. Eine feuerfeste, längliche Form mit etwas Butter ausstreichen. Die Reismasse hineinfüllen und mit der restlichen Butter in Flöckchen belegen. Den Auflauf in die mittlere Schiene des Backofens geben und etwa 40 Minuten garen, bis die Oberfläche schön gebräunt ist.
Beilage: gemischter Salat.

Nudelauflauf mit Gemüse und Shiitake

150 g beliebige Nudeln
Salz
200 g Zucchini
200 g Tomaten
3—4 Frühlingszwiebeln
200 g Shiitake-Pilze
1 EL Zitronensaft
1 Knoblauchzehe
frischgemahlener weißer Pfeffer
3 Eier
150 g süße Sahne
75 g frischgeriebener Parmesan
1 Bund Dill

Nudeln in sprudelnd kochendem Salzwasser bei starker bis mittlerer Hitze etwa 4 Minuten vorgaren. Nudeln dann in einem Sieb kalt abschrecken und abtropfen lassen.
Zucchini waschen, von den Stiel- und Blütenansätzen befreien und in etwa 1 cm dicke Stifte schneiden. Tomaten mit kochendem Wasser überbrühen, kurz darin ziehen lassen, kalt abschrecken und häuten. Tomaten in kleine Würfel schneiden, dabei die Stielansätze und einen Teil der Kerne entfernen. Die Shiitake-Pilze mit Küchenpapier gründlich abreiben, von den dicken Stielen befreien und in Streifen schneiden. Mit dem Zitronensaft mischen. Knoblauch schälen und fein hacken. Den Backofen auf 200°C vorheizen.

Nudeln mit dem Gemüse, dem Knoblauch und den Pilzen mischen und mit Salz und Pfeffer würzen. Eier trennen. Eigelb mit Sahne und zwei Dritteln des Käses verquirlen, dann unter die Nudelmasse heben. Eiweiß steif schlagen und ebenfalls unterziehen. Die Masse in eine feuerfeste Form füllen und mit dem restlichen Käse bestreuen. Den Nudelauflauf in die mittlere Schiene des Ofens geben und etwa 40 Minuten garen, bis er schön gebräunt ist.
Inzwischen den Dill waschen, trockenschwenken und ohne die groben Stiele fein hacken. Den Nudelauflauf mit dem Dill bestreut servieren.

Anmerkung: Käse ist eine wichtige Zutat für Aufläufe und Gratins. Frisch gerieben schmeckt er am aromatischsten. Sie sollten Käse also niemals bereits gerieben kaufen. Im Handel gibt es praktische Käsereiben, die diese vorbereitende Arbeit sehr erleichtern.

Pilz-Kartoffel-Gratin

Für 2—3 Personen:

500 g Champignons oder Egerlinge
1—2 EL Zitronensaft
500 g mehligkochende Kartoffeln

Salz
frischgemahlener weißer Pfeffer
1 Bund Petersilie
150 g Mozzarella
150 g süße Sahne

Pilze putzen und eventuell kurz kalt waschen, dann in etwa ½ cm dicke Scheiben schneiden. Mit dem Zitronensaft mischen, damit sie sich nicht zu stark verfärben. Kartoffeln schälen, waschen und in sehr dünne Scheiben schneiden oder hobeln. Pilze und Kartoffeln dachziegelartig lagenweise in eine feuerfeste Form schichten. Dabei jede Lage mit Salz und Pfeffer würzen. Den Backofen auf 200°C vorheizen.

Petersilie waschen, trockenschwenken und ohne die groben Stiele sehr fein hacken. Den Käse fein reiben. Sahne mit der Petersilie verrühren und mit Pfeffer und Muskat würzen. Die Sahne seitlich in die Form gießen.

Mozzarella abtropfen lassen, in dünne Scheiben schneiden und auf dem Gratin verteilen. Form in die mittlere Schiene des Ofens geben und den Gratin etwa 40 Minuten garen, bis die Oberfläche schön gebräunt ist und die Kartoffeln weich sind.

Beilage: gemischter Salat und eventuell Brot.

Anmerkung: Dieser Gratin schmeckt auch mit allen anderen Pilzen. Und statt Kartoffeln können Sie auch dünne Kohlrabischeiben verwenden.

Spinatcannelloni mit Austernpilzen und Hühnerfleisch

Für 4—6 Personen:

600 g Blattspinat
Salz
1 Zwiebel
1 Knoblauchzehe
300 g Tomaten
300 g Austernpilze
1 EL Zitronensaft
½ Bund Pfefferminze
300 g entbeinte Hühnerbrust
150 g Mozzarella
Salz
frischgemahlener weißer Pfeffer
250 g süße Sahne
85 g frischgeriebener Parmesan
250 g Cannellonirollen (ohne Vorkochen verwendbar)

Spinat von allen welken Blättern und den groben Stielen befreien, dann in stehendem kalten Wasser mehrmals gründlich waschen. In einem großen Topf reichlich Salzwasser zum Kochen bringen. Spinat darin etwa 1 Minute blanchieren, dann in einem Sieb kalt abschrecken und gründlich abtropfen lassen. Spinat grob hacken.
Zwiebel und Knoblauchzehe schälen und fein hacken. Tomaten mit kochendem Wasser überbrühen, kurz darin ziehen lassen, kalt abschrecken und häuten. Die Tomaten klein würfeln, dabei die Stielansätze entfernen. Austernpilze mit Küchenpapier gründlich abreiben, von den dicken Stielen befreien und in feine Streifen schneiden. Die Pilze mit dem Zitronensaft mischen, damit sie sich nicht zu stark verfärben. Pfefferminze waschen, trockenschwenken und ohne die groben Stiele sehr fein hacken. Hühnerfleisch gegebenenfalls von der Haut befreien, dann in kleine Würfel schneiden. Mozzarella abtropfen lassen und ebenfalls klein würfeln.
Spinat mit Zwiebel, Knoblauch, Pilzen, etwa einem Drittel der Tomaten, Hühnerfleisch, Pfefferminze und Moz-

zarella mischen. Die Masse mit Salz und Pfeffer pikant abschmecken.
Sahne mit den restlichen Tomaten mischen und ebenfalls mit Salz und Pfeffer abschmecken. Den Backofen auf 220 °C vorheizen.
Cannellonirollen mit der Spinatmasse füllen und in eine feuerfeste Form geben. Die Tomatensahne darübergießen. Mit Parmesan bestreuen. Die Cannelloni in die mittlere Schiene des Ofens geben und etwa 45 Minuten garen, bis die Oberfläche schön gebräunt ist und die Nudelrollen weich sind.
Beilage: gemischter Salat und eventuell Stangenweißbrot.

Pilzauflauf mit Parmaschinken und Mascarpone

200 g Champignons oder Egerlinge
200 g Shiitake-Pilze
1 kleine unbehandelte Zitrone
1 Bund Frühlingszwiebeln
100 g Parmaschinken
1 Bund Petersilie
Salz
frischgemahlener weißer Pfeffer
4 Eier
250 g Mascarpone
100 g frischgeriebener Parmesan

Champignons oder Egerlinge putzen und eventuell kurz kalt abspülen, dann in Scheiben schneiden. Shiitake mit Küchenpapier abreiben, von den Stielen befreien und in Streifen schneiden. Zitronen heiß waschen und abtrocknen, dann ein Stück Schale ablösen und fein hacken. Zitrone auspressen, Saft und Schale mit den Pilzen mischen.
Frühlingszwiebeln putzen, gründlich kalt abspülen und mit zwei Dritteln des Grüns in feine Ringe schneiden.

Schinken vom Fettrand befreien und klein würfeln. Petersilie waschen, trockenschwenken und ohne die groben Stiele fein hacken.

Pilze mit Frühlingszwiebeln, Schinken und Petersilie mischen und mit wenig Salz (Schinken ist meist relativ salzhaltig) und reichlich Pfeffer würzen. Eier trennen. Eigelb mit dem Mascarpone und zwei Dritteln des Käses verrühren und unter die Pilzmischung mengen. Eiweiß steif schlagen und unterheben. Den Backofen auf 200°C vorheizen.

Die Auflaufmasse in eine feuerfeste Form füllen. Den Auflauf mit dem restlichen Käse bestreuen und in die mittlere Schiene des Ofens geben. Etwa 40 Minuten garen, bis die Masse fest und die Oberfläche gebräunt ist.

Beilage: eventuell Salzkartoffeln.

Vollkornquiche mit Pilzen und Paprikaschoten

Teig:
250 g Weizenvollkornmehl
Salz
125 g Butter
1—2 EL Joghurt

Füllung:
je 1 kleine rote, grüne und gelbe Paprikaschote
400 g Champignons
Saft von 1/2 Zitrone
1 Schalotte
1 Knoblauchzehe
1 Bund Petersilie

Eiersahne:
100 g Bergkäse
3 Eier
150 g süße Sahne
frischgemahlener weißer Pfeffer

Für den Teig Mehl mit Salz, der in kleine Stücke geteilten Butter und dem Joghurt glatt verkneten. Der Teig soll schön geschmeidig sein. Bei Bedarf noch etwas Joghurt

untermischen. Eine Springform von 28 cm Ø mit dem Teig auskleiden, dabei einen Rand von etwa 3 cm hochziehen. Den Teig in der Form etwa 1 Stunde kühlen.
Inzwischen die Paprikaschoten waschen, von den Stielansätzen und den Trennwänden mit den Kernen befreien und in Streifen schneiden. Pilze putzen und eventuell kurz kalt abspülen, dann vierteln und mit dem Zitronensaft mischen. Schalotte und Knoblauch schälen und sehr fein hacken. Petersilie waschen, trockenschwenken und ohne die groben Stiele fein hacken. Den Backofen auf 200°C vorheizen.
Den Käse reiben. Eier trennen. Eigelb mit Käse und Sahne verquirlen und mit Salz und Pfeffer abschmecken. Paprikaschoten, Pilze, Schalotte, Knoblauch und Petersilie mischen und auf dem Teigboden verteilen. Die Eiersahne darübergießen. Die Quiche in die mittlere Schiene des Ofens geben und etwa 45 Minuten garen, bis sie gebräunt ist.

Anmerkung: Wenn Sie keine eigene Getreidemühle besitzen und auch nicht eine ganze Tüte gemahlenes Vollkornmehl kaufen möchten, können Sie sich die benötigte Menge im Naturkostladen oder Reformhaus frisch mahlen lassen.

Hirseauflauf mit Mangold und Shiitake

150 g Hirsekörner
300 ccm Wasser
Salz
1 rote Zwiebel
1 Knoblauchzehe
1 Bund frischer Thymian
400 g Mangold
400 g Shiitake-Pilze
1 EL Zitronensaft
frischgemahlener weißer Pfeffer
Cayennepfeffer
3 Eier
150 g süße Sahne
100 g frischgemahlener Parmesan

Hirse in einem Sieb gründlich kalt abspülen. Die Körner dann mit dem Wasser und etwas Salz in einem Topf zum Kochen bringen und etwa 5 Minuten kochen lassen. Dann auf der abgeschalteten Kochstelle zugedeckt quellen lassen, bis die restlichen Zutaten vorbereitet sind.

Zwiebel und Knoblauchzehe schälen und sehr fein hakken. Thymian waschen, trockenschwenken und die Blättchen von den Stielen streifen. Einen Teil des Thymians zum Bestreuen des fertigen Auflaufs zugedeckt beiseite stellen.

Mangold putzen und waschen. Die Blätter von den Stielen schneiden und grob hacken. Die Stiele in kleine Stükke schneiden. Den Mangold in reichlich sprudelnd kochendem Salzwasser etwa 2 Minuten blanchieren, dann in einem Sieb kalt abschrecken und gründlich abtropfen lassen.

Die Shiitake-Pilze mit Küchenpapier abreiben, von den dicken Stielen befreien und in schmale Streifen schneiden. Mit dem Zitronensaft mischen.

Die Hirse mit der Zwiebel, dem Knoblauch, dem Thymian, dem Mangold und den Pilzen mischen und mit Salz, Pfeffer und Cayennepfeffer pikant abschmecken. Den Backofen auf 220 °C vorheizen.

Eier trennen. Eigelb mit Sahne und Käse verquirlen und unter die Hirsemasse mischen. Eiweiß mit 1 Prise Salz zu steifem Schnee schlagen und vorsichtig unterheben. Die Hirsemasse in eine feuerfeste Form füllen. Den Auflauf in die mittlere Schiene des Ofens geben und etwa 45 Minuten garen, bis die Oberfläche schön gebräunt ist. Den Auflauf mit dem restlichen Thymian bestreut in der Form servieren.

Beilage: gemischter Salat und eventuell Brot oder auch gebratene Lammkoteletts.

Anmerkung: Statt Hirse können Sie für den Auflauf auch Reis, Bandnudeln oder Bulgur verwenden.

Gratinierte Buchweizenklößchen mit Austernpilzen

1 Schalotte
1 EL Sonnenblumenöl
200 g feingeschroteter Buchweizen
etwa ³/₈ l Wasser
250 g Austernpilze
1 EL Zitronensaft
50 g Sonnenblumenkerne

1 Bund Petersilie
1 Ei
Salz
frischgemahlener weißer Pfeffer
100 g süße Sahne
150 g Mozzarella

Schalotten schälen und sehr fein hacken. Öl in einem Topf erhitzen. Schalotte darin glasig dünsten. Buchweizenschrot hinzufügen und unter Rühren anbraten, bis er vollkommen vom Öl überzogen ist. Wasser angießen und zum Kochen bringen. Den Buchweizenschrot bei schwacher Hitze etwa 10 Minuten köcheln lassen, dann auf der abgeschalteten Kochplatte etwa 20 Minuten quellen

lassen. Buchweizenschrot in eine Schüssel geben und etwas abkühlen lassen.
Während der Schrot quillt, die Austernpilze mit Küchenpapier abreiben, von den dicken Stielen befreien und in feine Streifen schneiden. Die Pilze mit dem Zitronensaft mischen, damit sie sich nicht zu stark verfärben. Sonnenblumenkerne fein hacken. Petersilie waschen, trockenschwenken und ohne die groben Stiele fein hacken. Den Backofen auf 220 °C vorheizen.
Das Ei mit einer Gabel verquirlen und mit der Petersilie unter den Buchweizenschrot mischen. Die Masse mit Salz und Pfeffer pikant abschmecken. Von der Buchweizenmasse mit zwei Teelöffeln kleine Klößchen abstechen und in eine längliche feuerfeste Form geben. Die Pilze und die Nüsse auf und neben den Klößchen verteilen. Die Sahne seitlich in die Form gießen. Mozzarella abtropfen lassen, in dünne Scheiben schneiden und auf den Buchweizenklößchen verteilen. Die Klößchen in die mittlere Schiene geben und etwa 40 Minuten backen, bis der Mozzarella zerlaufen und schön gebräunt ist.

Anmerkung: Buchweizen ist kein Getreide, da es nicht zu den Gräsern zählt, sondern ein Knöterichgewächs ist. Buchweizen wird jedoch in der Küche wie Getreide verwendet. Zum Backen kann man ihn jedoch nur in Verbindung mit kleberreichen Getreidesorten wie Weizen und Dinkel verwenden.

Gratinierte Austernpilze

Für 2 Personen:

½ unbehandelte Zitrone
250 g Austernpilze
1 Schalotte
1 Knoblauchzehe

½ Bund Thymian
150 g Mozzarella
1 EL Olivenöl
Salz
frischgemahlener weißer Pfeffer

Den Backofen auf 200°C vorheizen.
Die Zitrone heiß waschen und ein Stück Schale abschneiden. Die Schale hacken und die Zitrone auspressen. Austernpilze mit Küchenpapier abreiben, von den groben Stielen befreien und je nach Größe halbieren oder vierteln. Mit dem Zitronensaft und der -schale mischen, damit sie sich nicht zu stark verfärben. Schalotte und Knoblauchzehe schälen und fein hacken. Thymian waschen, trockenschwenken und die Blättchen von den Stielen streifen. Mozzarella abtropfen lassen und in kleine Würfel schneiden.
Olivenöl erhitzen und die Zwiebel und den Knoblauch darin glasig braten. Die Pilze dazugeben und bei starker Hitze unter Rühren so lange mitbraten, bis die Flüssigkeit, die sich dabei bildet, wieder verdampft ist und die Pilze möglichst trocken sind. Die Pilze mit Salz und weißem Pfeffer würzen und auf vier feuerfeste flache Förmchen verteilen. Den Thymian darüberstreuen. Mozzarellawürfel über den Pilzen verteilen. Die Förmchen in die mittlere Schiene stellen und die Pilze etwa 15 Minuten überbacken, bis der Käse zerlaufen und schön gebräunt ist.
Beilage: gebratene neue Kartoffeln oder Brot und Tomatensalat mit vielen Kräutern.

Nudelteigquiche mit Champignons, Schafkäse und Tomaten

Für 4—6 Personen:

Teig:
200 g Mehl
1 Prise Salz
2 Eier
1 EL Olivenöl
eventuell 1—2 EL lauwarmes Wasser

Belag:
350 g kleine Champignons
1 EL Zitronensaft
150 g schnittfester Schafkäse
300 g Tomaten
1 Bund frischer Thymian
einige frische Salbeiblätter
75 g Parmesan
4 Eier
200 g süße Sahne
Salz
frischgemahlener weißer Pfeffer

Für den Nudelteig Mehl mit Salz, Eiern und Öl zu einem glatten geschmeidigen Teig verkneten. Er soll weich sein, darf aber nicht an den Fingern kleben. Bei Bedarf das Wasser oder etwas Mehl unterarbeiten. Den Teig in Pergamentpapier wickeln und bei Zimmertemperatur 1 Stunde ruhen lassen.

Inzwischen für den Belag die Champignons putzen und eventuell kurz kalt abspülen, dann halbieren. Pilze mit dem Zitronensaft mischen, damit sie sich nicht zu stark verfärben. Schafkäse abtropfen lassen und in kleine Würfel schneiden. Tomaten heiß überbrühen, kurz ziehen lassen, kalt abschrecken und häuten. Die Tomaten klein würfeln, dabei die Stielansätze entfernen. Die Kräuter waschen und trockenschwenken. Die Thymianblättchen von den Stielen streifen, den Salbei in feine Streifen schneiden. Parmesan fein reiben.

Den Nudelteig noch einmal durchkneten, dann auf der leicht bemehlten Arbeitsfläche oder in der Nudelmaschine zu dünnen Platten ausrollen. Eine Springform von

28 cm Ø mit den Teigplatten auskleiden, dabei einen Rand von etwa 3 cm Höhe formen. Den Backofen auf 220°C vorheizen.

Eier trennen. Eigelb mit Käse und Sahne verquirlen. Die Masse mit Salz (nicht zuviel verwenden, der Schafkäse ist meist relativ salzig), Pfeffer und dem Muskat abschmecken. Eiweiß mit einer Prise Salz zu steifem Schnee schlagen, dann vorsichtig unter die Eigelbmasse heben. Pilze mit Schafkäse, Tomaten und Kräutern mischen und auf dem Teigboden verteilen. Eiersahne darübergießen. Quiche in die mittlere Schiene des Ofens geben und etwa 45 Minuten garen, bis sie an der Oberfläche schön gebräunt ist.

Vollkornpizza mit gemischten Pilzen

Für 2—3 Personen:

Teig:
200 g Weizenvollkornmehl
15 g frische Hefe
1 Prise Zucker
Salz
etwa 110 ccm lauwarmes Wasser
4 EL Olivenöl

Belag:
600 g Austernpilze und Shiitake-Pilze
2 EL Zitronensaft
2 Schalotten
2 Knoblauchzehen
1 Bund Petersilie
½ Bund frischer Thymian
300 g Mozzarella
Salz
frischgemahlener schwarzer Pfeffer
1 EL Olivenöl

Für den Teig Mehl in eine Schüssel sieben und in die Mitte eine Mulde drücken. Hefe zerkrümeln und mit Zucker und wenig Wasser anrühren. Die Hefe in die Mehlmulde geben, mit etwas Mehl bestäuben und zugedeckt an einem warmen Ort 15 Minuten gehen lassen. Dann das restliche Wasser, eine kräftige Prise Salz und das Olivenöl zum Mehl geben und alles zu einem glatten geschmeidigen Teig verkneten. Teig zugedeckt an einem warmen Ort etwa 1 Stunde gehen lassen, bis sich sein Volumen fast verdoppelt hat.

Inzwischen für den Belag die Pilze mit Küchenpapier gründlich abreiben, von den dicken Stielen befreien und grob zerkleinern. Die Pilze mit dem Zitronensaft mischen, damit sie sich nicht zu stark verfärben. Schalotte und Knoblauch schälen und fein hacken. Kräuter waschen und trockenschwenken. Petersilie ohne die groben Stiele fein hacken, Thymianblättchen von den Stielen streifen. Mozzarella abtropfen lassen und in dünne Scheiben schneiden. Den Backofen auf 220 °C vorheizen. Hefeteig noch einmal gut durchkneten. Das Backblech mit etwas Öl ausstreichen. Den Teig auf das Backblech geben und mit den Händen auseinanderdrücken. Die Ränder etwas dicker formen. Pilze mit Schalotten, Knoblauch und Kräutern mischen, auf dem Teig verteilen und mit Salz und Pfeffer würzen. Mozzarella darauf legen und mit dem restlichen Olivenöl beträufeln. Die Pizza in die mittlere Schiene geben und etwa 30 Minuten backen, bis der Teig und die Oberfläche gebräunt sind.
Beilage: Tomatensalat.

Austernpilz-Ravioli mit Shiitake-Gemüse ▷
(Rezept S. 108)

Kartoffeln und Pilze
mit Käsekruste

600 g kleine mehligkochende Kartoffeln
400 g Champignons oder Egerlinge
2—3 EL Zitronensaft
Salz
frischgemahlener weißer Pfeffer
½ Bund frischer Thymian
1 Zwiebel
1 Knoblauchzehe
200 g frischgeriebener Parmesan
1 EL Butter

Kartoffeln unter fließendem Wasser gründlich bürsten, dann längs halbieren und in eine feuerfeste Form legen. Pilze putzen und eventuell kurz kalt abspülen, dann je nach Größe halbieren oder ganz lassen. Mit dem Zitronensaft mischen und zu den Kartoffeln in die Form geben. Kartoffeln und Pilze mit Salz und Pfeffer würzen. Den Backofen auf 180 °C vorheizen. Thymian waschen, trockenschwenken und die Blättchen von den Stielen streifen. Zwiebel und Knoblauch schälen und fein hakken. Thymian, Zwiebel und Knoblauch mit dem Käse mischen und auf den Kartoffeln und den Pilzen verteilen. Butter in kleine Flöckchen schneiden und daraufgeben. Kartoffeln und Pilze in die mittlere Schiene geben und etwa 50 Minuten backen, bis die Kartoffeln weich sind.
Beilage: ein bunt gemischter Salat und eventuell kurz gebratenes Fleisch.

◁ *Safranrisotto mit Austernpilzen* (Rezept S. 107)

Kartoffel-Pilz-Moussaka
mit Rinderhack

250 g Champignons
1 EL Zitronensaft
500 g Tomaten
1 weiße Zwiebel
2 Knoblauchzehen
1 Bund Petersilie
½ Bund frischer Thymian
1 EL Olivenöl
250 g Rinderhackfleisch
Salz
frischgemahlener weißer Pfeffer
1 Prise Zucker
30 g Butter
30 g Mehl
etwa 300 ccm Milch
125 g süße Sahne
125 g frischgeriebener Parmesan
500 g mehligkochende Kartoffeln

Pilze putzen und eventuell kurz kalt abspülen, dann blättrig schneiden und mit dem Zitronensaft mischen, damit sie sich nicht zu stark verfärben. Tomaten mit kochendem Wasser überbrühen, kurz darin ziehen lassen, kalt abschrecken und häuten.

Die Tomaten klein würfeln, dabei die Stielansätze und einen Teil der Kerne entfernen. Zwiebel und Knoblauchzehen sehr fein hacken. Kräuter waschen und trockenschwenken. Die Petersilie ohne die groben Stiele fein hacken. Die Thymianblättchen von den Stielen streifen.

Öl in einer Pfanne erhitzen. Zwiebel und Knoblauch darin glasig dünsten. Rinderhackfleisch hinzufügen und bei starker Hitze anbraten, bis es krümelig ist. Tomaten untermischen und alles weitergaren, bis die Flüssigkeit fast verdampft ist. Kräuter dazugeben und alles mit Salz, Pfeffer und Zucker abschmecken. Pfanne vom Herd ziehen.

Die Butter in einem Topf schmelzen lassen. Das Mehl mit einem Schneebesen gründlich unterrühren. Dann

die Milch unter ständigem kräftigen Schlagen hinzugießen. Die Sauce bei mittlerer Hitze in etwa 10 Minuten leicht dicklich einkochen lassen. Die Sauce dabei immer wieder gründlich durchrühren, damit sie nicht anbrennt. Sahne und Käse unterrühren. Die Sauce mit wenig Salz und reichlich Pfeffer abschmecken.
Die Kartoffeln waschen, schälen und auf dem Gurkenhobel in dünne Scheiben schneiden. Den Backofen auf 200 °C vorheizen. Eine feuerfeste Form lagenweise mit den Pilzen, der Tomatenmischung und den Kartoffeln füllen. Dabei mit Kartoffeln beginnen und beenden. Jede Schicht mit etwas weißer Sauce beschöpfen. Die restliche Sauce über die eingeschichteten Zutaten füllen. Die Moussaka in die mittlere Schiene des Ofens geben und etwa 50 Minuten backen, bis die Zutaten weich sind und die Oberfläche schön gebräunt ist. Die Moussaka in der Form servieren.
Beilage: Brot und gemischter Salat.

Lauch-Shiitake-Gratin mit Seelachs

Für 2 Personen:

2 Stangen Lauch
300 g Shiitake-Pilze
3 EL Zitronensaft
1 Bund Schnittlauch
1 Bund Petersilie
1 Bund Dill

400 g Seelachsfilet
Salz
frischgemahlener weißer
Pfeffer
100 g Crème fraîche
4 EL trockener Weißwein
1 EL Butter

Lauch putzen und gründlich unter fließendem Wasser abspülen, dann mit etwa zwei Dritteln des zarten Grüns in feine Ringe schneiden. Shiitake-Pilze mit Küchenpapier abreiben, von den dicken Stielen befreien und in schmale Streifen schneiden. Pilze mit 1 EL Zitronensaft mischen, damit sie sich nicht zu stark verfärben. Kräuter waschen und trockenschwenken. Den Schnittlauch in feine Röllchen schneiden, die Petersilie und den Dill ohne die groben Stiele fein hacken. Seelachs kalt abspülen, trockentupfen und mit dem restlichen Zitronensaft beträufeln. Den Backofen auf 220°C vorheizen.

Eine feuerfeste Form mit der Hälfte der Lauchringe und der Pilzstreifen auslegen und diese mit Salz und Pfeffer würzen. Mit einem Teil der Kräuter bestreuen. Den Seelachs von beiden Seiten mit Salz und Pfeffer würzen und darauflegen. Die restlichen Zutaten ebenfalls in die Form schichten. Dabei ebenfalls mit Salz und Pfeffer würzen und mit den restlichen Kräutern bestreuen. Crème fraîche mit Weißwein verrühren und über die Zutaten in der Form gießen. Butter in kleine Flöckchen schneiden und darauf verteilen. Gratin in die mittlere Schiene des Ofens geben und etwa 30 Minuten garen, bis die Oberfläche gebräunt ist.

Beilage: gemischter Salat und Salzkartoffeln oder Brot.

Anmerkung: Statt Seelachs können Sie auch Rotbarsch, Seeteufel oder Kabeljau verwenden. Die Fischfilets sollten nur nicht zu dünn sein, sonst werden sie zu trocken.

Gratinierter Sellerie mit Schinken und Champignons

Für 3 Personen:

500 g Stangensellerie
200 g Champignons
1 EL Zitronensaft
100 g gekochter Schinken
1 Zwiebel

1 Knoblauchzehe
2 Bund Schnittlauch
Salz
frischgemahlener weißer Pfeffer
Cayennepfeffer
75 g Crème fraîche
100 g Bel Paese

Sellerie von den harten Fasern befreien, waschen und in feine Streifen schneiden. Das zarte Selleriegrün fein hakken. Champignons putzen und eventuell kurz kalt abspülen, dann in dickere Scheiben schneiden. Mit dem Zitronensaft mischen, damit sie sich nicht zu stark verfärben. Schinken vom Fettrand befreien und klein würfeln. Zwiebel und Knoblauch schälen und sehr fein hacken. Schnittlauch waschen, trockenschwenken und in feine Röllchen schneiden.
Sellerie mit den Pilzen, dem Schinken, der Zwiebel, dem Knoblauch und zwei Dritteln des Schnittlauchs und Selleriegrüns mischen. Mit Salz, Pfeffer und Cayennepfeffer würzen. Crème fraîche untermischen. Den Backofen auf 200 °C vorheizen.
Selleriemasse in eine feuerfeste Form geben. Bel Paese in kleine Würfel schneiden und auf der Masse verteilen. Sellerie in die mittlere Schiene des Ofens geben und etwa 35 Minuten garen, bis der Sellerie bißfest und die Oberfläche des Gratins gebräunt ist.
Beilage: Pellkartoffeln.

Gefüllte Zucchini mit Pilzen und Gorgonzola

Für 2 Personen:

2 Zucchini
150 g Austernpilze
1 weiße Zwiebel
1 Knoblauchzehe

*einige Blättchen frischer Salbei
100 g Gorgonzola
Salz
frischgemahlener weißer Pfeffer
4 EL Crème fraîche*

Zucchini von den Stiel- und Blütenansätzen befreien, gründlich waschen und abtrocknen. Zucchini längs halbieren. Das Fruchtfleisch mit einem scharfkantigen Löffel aus den Schalen lösen. Es soll ein Rand von etwa 1 cm übrig bleiben.

Das ausgelöste Zucchinifleisch fein hacken. Austernpilze abreiben. Zwiebel und Knoblauch sehr fein hacken. Salbeiblätter waschen, trockentupfen und in feine Streifen schneiden. Den Gorgonzola gegebenenfalls von der Rinde befreien, dann klein schneiden. Das ausgelöste Zucchinifleisch mit den Pilzen, der Zwiebel, dem Knoblauch, dem Salbei und dem Gorgonzola mischen. Die Masse mit Pfeffer abschmecken. Den Backofen auf 220°C vorheizen.

Die ausgehöhlten Zucchini mit Salz bestreuen und mit der Pilzmasse füllen. Eventuell übrig gebliebene Füllung mit der Crème fraîche mischen und in eine feuerfeste Form geben. Die Zucchini in die Sauce geben und auf der mittleren Schiene etwa 35 Minuten garen, bis sie an der Oberfläche schön gebräunt sind.

Beilage: Salz- oder Pellkartoffeln.

Gefüllte Champignons mit Oliven

Für 2 Personen:

400 g größere Champignons (etwa gleich groß)
100 g schwarze Oliven
100 g Mozzarella
1 Schalotte
¼ Bund frischer Thymian
Salz
frischgemahlener weißer Pfeffer
1 EL süße Sahne

Champignons kurz kalt abspülen, dann putzen. Die Stiele aus den Köpfen drehen und fein hacken. Oliven entsteinen und ebenfalls fein hacken. Mozzarella abtropfen lassen und in kleine Würfel schneiden. Schalotte schälen und sehr fein hacken. Thymian waschen, trockenschwenken und die Blättchen von den Stielen streifen. Den Backofen auf 240°C vorheizen.

Die gehackten Pilzstiele, die Oliven, den Mozzarella, die Schalotte und den Thymian mischen und mit Salz und Pfeffer pikant abschmecken. Die Sahne untermischen. Die Masse in die Pilzköpfe füllen. Die Pilze in eine feuerfeste Form setzen und in die mittlere Schiene des Ofens geben. Die Pilze etwa 20 Minuten garen, bis die Oberfläche gebräunt ist.

Beilage: Bratkartoffeln oder beliebiges Brot und eventuell Tomatensalat.

Alphabetisches Register

A

Austernpilze, gebraten, auf koreanische Art 72
Austernpilze, gegrillt 26
Austernpilze, gratiniert 141
Austernpilze, gratiniert, mit Roquefort-Walnuß-Kruste 123
Austernpilzessenz mit Blätterteighaube 40
Austernpilz-Ravioli mit Shiitake-Gemüse 108
Austernpilzterrine 19
Avocados, gefüllt, mit Pilzen und Sellerie 23

B

Bandnudeln mit Gemüse und Pilzen 91
Bandnudeln mit Shiitake-Lauch-Sauce 106
Blätterteigpastetchen mit Spargel und Pilzen 27
Blattsalat mit sautierten Pilzen 30
Bœuf Stroganow 86
Bohnen, schwarze, mit Shiitake und Lamm 68
Buchweizenklößchen, gratiniert, mit Austernpilzen 139
Bulgurbällchen mit Shiitake 99
Bulgur mit Broccoli und Austernpilzen 118

C

Champignon-Lasagne mit Gorgonzolasauce 124
Champignons, gefüllt, mit Oliven 151
Champignons, mariniert 15
Coq au vin 69

F

Fisch in der Folie mit Pilzen und Frühlingszwiebeln 54
Fischragout mit Paprikaschoten und Pilzen 51
Friséesalat mit Austernpilzen und Shrimps 14

G

Gebratene Austernpilze auf koreanische Art 72
Gebratener Reis mit Austernpilzen 101
Gefüllte Avocados mit Pilzen und Sellerie 23
Gefüllte Champignons mit Oliven 151
Gefüllte Lammkeule mit Austernpilzgemüse 62
Gefüllte Zucchini mit Pilzen und Gorgonzola 150
Gegrillte Austernpilze 26
Gemischter Salat mit rohen Champignons 29
Gemüsebrühe 51
Gemüse in scharfer Kokosmilch 96

Gemüse mit chinesischen Pilzen und Fischstreifen 56
Gemüse, süßsauer, mit Mu-Err-Pilzen 117
Gemüsesuppe mit Lachs und Morcheln 31
Gemüsesuppe mit Morcheln und Putenstreifen 33
Gemüsetopf mit Hühnerfleisch und Champignons 52
Geschmorter Grünkern mit Morcheln 103
Gratinierte Austernpilze 141
Gratinierte Austernpilze mit Roquefort-Walnuß-Kruste 123
Gratinierte Buchweizenklößchen mit Austernpilzen 139
Gratinierter Sellerie mit Schinken und Champignons 149
Grünkern, geschmort, mit Morcheln 103

H

Hähnchengeschnetzeltes mit Champignons und Basilikum 83
Hase mit Estragon und Champignons 80
Hirseauflauf mit Mangold und Shiitake 138
Hirsepflänzchen mit Spinat-Champignon-Gemüse 87
Hühnerfrikassee mit Austernpilzen 78
Hühnersuppe mit Kokosmilch und Mu-Err-Pilzen 34
Hühnertopf mit Kartoffeln, Pilzen und Spinat 82
Huhn nach China-Art 74

K

Kabeljau in Pilzsahne 67
Kalbsfilet in Morchelsahne 64
Kartoffelcremesuppe mit gebratenen Austernpilzstreifen 46
Kartoffelgnocchi mit Pilzsahne 111
Kartoffelgulasch mit Mangold und Shiitake 53
Kartoffeln und Pilze mit Käsekruste 145
Kartoffel-Pilz-Curry 113
Kartoffel-Pilz-Moussaka mit Rinderhack 146
Kartoffelpuffer mit Pilz-Tomaten-Gemüse 116
Kartoffelsuppe mit Lammfleisch und Shiitake 38
Kohlrouladen mit Hirse-Pilz-Füllung und Paprikasauce 114
Kräutersuppe mit Morcheln 45

L

Lachscarpaccio mit Pilz-Kerbel-Vinaigrette 21
Lachskoteletts mit Morchel-Tomaten-Gemüse 60
Lammbraten mit Pilzen und Tomaten 57
Lammgeschnetzeltes mit Morcheln und Tomaten 76
Lammragout auf Jägerart 73
Lauch-Shiitake-Gratin mit Seelachs 147

M

Marinierte Champignons 15
Misosuppe mit Gemüsejulienne und Mu-Err-Pilzen 44

N

Nudelauflauf mit Gemüse und Shiitake 131
Nudeln mit Wirsing und Champignons 89
Nudelsalat mit Pilzen 18
Nudelteigquiche mit Champignons, Schafkäse und Tomaten 142

P

Paprikaschoten mit Pilz-Mozzarella-Füllung 110
Paprikasuppe mit Egerlingen 41
Pfannengerührtes Rindfleisch mit Mu-Err-Pilzen 65
Pilzauflauf mit Parmaschinken und Mascarpone 135
Pilzcremesuppe mit Kräutern 42
Pilze in Gorgonzolasauce 105
Pilze, sautiert, mit Gemüse 120
Pilz-Kartoffel-Gratin 133
Pilzsuppe mit Speck und Thymian 35
Pilz-Zucchini-Strudel mit Knoblauchjoghurt 126
Polentaschnitten mit Geflügel-Pilz-Ragout 84

R

Reisauflauf mit Pilzen und Schinken 130
Reis, gebraten, mit Austernpilzen 101
Reis mit Morcheln 100
Reis, roter, mit Sahnepilzen und Zuckerschoten 97
Reissalat 25
Rinderfilet in Blätterteig 58
Rinderrouladen mit Shiitake-Füllung 71
Rindfleisch, pfannengerührtes, mit Mu-Err-Pilzen 65
Risotto mit Shiitake und Erbsen 104
Roter Reis mit Sahnepilzen und Zuckerschoten 97

S

Safranrisotto mit Austempilzen 107
Salat, gemischter, mit rohen Champignons 29
Sautierte Pilze mit Gemüse 120
Scharfe Sahnesuppe mit Spinat und Mu-Err-Pilzen 50
Schwarze Bohnen mit Shiitake und Lamm 68
Sellerie, gratiniert, mit Schinken und Champignons 149
Shiitake-Gemüse-Pfanne 102
Shiitake-Parfait mit Lachs 17
Shiitake-Putenröllchen auf Tomatensahne 75
Spaghetti mit Austernpilzen 93
Spargel-Pilz-Suppe mit Knoblauchcroûtons 36
Spargelragout mit Shiitake 48

Spinatcannelloni mit Austern-
　pilzen und Hühnerfleisch 134
Spinatsalat mit Shiitake 20
Spinatsuppe mit Austernpilzen
　43
Süßsaures Gemüse mit Mu-Err-
　Pilzen 117
Sushi mit Spinat und Shiitake 24

T

Teigtaschen mit Pilzfüllung und
　Zucchinigemüse 94
Tintenfischsalat mit Austern-
　pilzen 16
Toast mit Spinat, Pilzen und
　gebratener Hühnerbrust 22
Tofu mit Pilzen in Zitronensauce
　121
Tomatencremesuppe mit
　gebratenen Shiitake-Streifen
　39
Tomaten-Mangold-Suppe mit
　Egerlingen 37

Tomaten-Pilz-Salat mit Roquefort-
　dressing 28

V

Vollkorncalzone mit Pilz-
　Tomaten-Füllung 128
Vollkornpizza mit gemischten
　Pilzen 143
Vollkornquiche mit Pilzen und
　Paprikaschoten 136
Vollkorn-Semmelknödel mit
　Sahnepilzen 90

W

Wildragout mit Shiitake 77

Z

Zucchini, gefüllt mit Pilzen und
　Gorgonzola 150
Zuckerschoten-Morchel-Ragout
　49

Register nach Sachgruppen

GERICHTE AUS DEM BACKOFEN

Austernpilze, gratiniert 141
Austernpilze, gratiniert, mit Roquefort-Walnuß-Kruste 123
Buchweizenklößchen, gratiniert, mit Austernpilzen 139
Champignons-Lasagne mit Gorgonzolasauce 124
Champignons, gefüllt, mit Oliven 151
Gefüllte Champignons mit Oliven 151
Gefüllte Zucchini mit Pilzen und Gorgonzola 150
Gratinierte Austernpilze 141
Gratinierte Austernpilze mit Roquefort-Walnuß-Kruste 123
Gratinierte Buchweizenklößchen mit Austernpilzen 139
Gratinierter Sellerie mit Schinken und Champignons 149
Hirseauflauf mit Mangold und Shiitake 138
Kartoffeln und Pilze mit Käsekruste 145
Kartoffel-Pilz-Moussaka mit Rinderhack 146
Lauch-Shiitake-Gratin mit Seelachs 147
Nudelauflauf mit Gemüse und Shiitake 131
Nudelteigquiche mit Champignons, Schafkäse und Tomaten 142
Pilzauflauf mit Parmaschinken und Mascarpone 135
Pilz-Kartoffel-Gratin 133
Pilz-Zucchini-Strudel mit Knoblauchjoghurt 126
Reisauflauf mit Pilzen und Schinken 130
Sellerie, gratiniert, mit Schinken und Champignons 149
Spinatcannelloni mit Austernpilzen und Hühnerfleisch 134
Vollkorncalzone mit Pilz-Tomaten-Füllung 128
Vollkornpizza mit gemischten Pilzen 143
Vollkornquiche mit Pilzen und Paprikaschoten 136
Zucchini, gefüllt, mit Pilzen und Gorgonzola 150

HAUPTGERICHTE MIT FISCH, FLEISCH UND GEFLÜGEL

Austernpilze, gebraten, auf koreanische Art 72
Bœuf Stroganow 86
Bohnen, schwarze, mit Shiitake und Lamm 68
Coq au vin 69
Fisch in der Folie mit Pilzen und Frühlingszwiebeln 54
Fischragout mit Paprikaschoten und Pilzen 61
Gebratene Austernpilze auf koreanische Art 72
Gefüllte Lammkeule mit Austernpilzgemüse 62
Gemüse mit chinesischen Pilzen und Fischstreifen 56
Hähnchengeschnetzeltes mit Champignons und Basilikum 83

Hase mit Estragon und
  Champignons 80
Hühnerfrikassee mit Austern-
  pilzen 78
Hühnertopf mit Kartoffeln, Pilzen
  und Spinat 82
Huhn nach China-Art 74
Kabeljau in Pilzsahne 67
Kalbsfilet in Morchelsahne 64
Lachskoteletts mit Morchel-
  Tomaten-Gemüse 60
Lammbraten mit Pilzen und
  Tomaten 57
Lammgeschnetzeltes mit
  Morcheln und Tomaten 76
Lammragout auf Jägerart 73
Pfannengerührtes Rindfleisch mit
  Mu-Err-Pilzen 65
Polentaschnitten mit Geflügel-
  Pilz-Ragout 84
Rinderfilet in Blätterteig 58
Rinderrouladen mit Shiitake-
  Füllung 71
Rindfleisch, pfannengerührtes,
  mit Mu-Err-Pilzen 65
Schwarze Bohnen mit Shiitake
  und Lamm 68
Shiitake-Putenröllchen auf
  Tomatensahne 75
Wildragout mit Shiitake 77

FEINE SUPPEN UND EINTÖPFE

Austernpilzessenz mit Blätterteig-
  haube 40
Gemüsebrühe 51
Gemüsesuppe mit Lachs und
  Morcheln 31
Gemüsesuppe mit Morcheln
  und Putenstreifen 33
Gemüsetopf mit Hühnerfleisch
  und Champignons 52
Hühnersuppe mit Kokosmilch
  und Mu-Err-Pilzen 34
Kartoffelcremesuppe mit
  gebratenen Austernpilzstreifen
  46
Kartoffelgulasch mit Mangold
  und Shiitake 53
Kartoffelsuppe mit Lammfleisch
  und Shiitake 38
Kräutersuppe mit Morcheln 45
Misosuppe mit Gemüsejulienne
  und Mu-Err-Pilzen 44
Paprikasuppe mit Egerlingen 41
Pilzcremesuppe mit Kräutern 42
Pilzsuppe mit Speck und
  Thymian 35
Sahnesuppe, scharfe, mit Spinat
  und Mu-Err-Pilzen 50
Scharfe Sahnesuppe mit Spinat
  und Mu-Err-Pilzen 50
Spargel-Pilz-Suppe mit Knob-
  lauchcroûtons 36
Spargelragout mit Shiitake 48
Spinatsuppe mit Austernpilzen
  43
Tomatencremesuppe mit
  gebratenen Shiitake-Streifen
  39
Tomaten-Mangold-Suppe mit
  Egerlingen 37
Zuckerschoten-Morchel-Ragout
  49

VEGETARISCHE HAUPT-
GERICHTE

Austernpilz-Ravioli mit Shiitake-
  Gemüse 108
Bandnudeln mit Gemüse und
  Pilzen 91
Bandnudeln mit Shiitake-Lauch-
  Sauce 106

Bulgurbällchen mit Shiitake 99
Bulgur mit Broccoli und Austernpilzen 118
Gebratener Reis mit Austernpilzen 101
Gemüse in scharfer Kokosmilch 96
Gemüse, süßsauer, mit Mu-Err-Pilzen 117
Geschmorter Grünkern mit Morcheln 103
Grünkern, geschmort, mit Morcheln 103
Hirsepflänzchen mit Spinat-Champignon-Gemüse 87
Kartoffelgnocchi mit Pilzsahne 111
Kartoffel-Pilz-Curry 113
Kartoffelpuffer mit Pilz-Tomaten-Gemüse 116
Kohlrouladen mit Hirse-Pilz-Füllung und Paprikasauce 114
Nudeln mit Wirsing und Champignons 89
Paprikaschoten mit Pilz-Mozzarella-Füllung 110
Pilze in Gorgonzolasauce 105
Pilze, sautiert, mit Gemüse 120
Reis, gebraten, mit Austernpilzen 101
Reis mit Morcheln 100
Risotto mit Shiitake und Erbsen 104
Roter Reis mit Sahnepilzen und Zuckerschoten 97
Safranrisotto mit Austernpilzen 107
Sautierte Pilze mit Gemüse 120
Shiitake-Gemüse-Pfanne 102
Spaghetti mit Austernpilzen 93
Süßsaures Gemüse mit Mu-Err-Pilzen 117
Teigtaschen mit Pilzfüllung und Zucchinigemüse 94
Tofu mit Pilzen in Zitronensauce 121
Vollkorn-Semmelknödel mit Sahnepilzen 90

VORSPEISEN UND KLEINE GERICHTE

Austernpilze, gegrillt 26
Austernpilzterrine 19
Avocados, gefüllt, mit Pilzen und Sellerie 23
Blätterteigpastetchen mit Spargel und Pilzen 27
Blattsalate mit sautierten Pilzen 30
Champignons, mariniert 15
Friséesalat mit Austernpilzen und Shrimps 14
Gefüllte Avocados mit Pilzen und Sellerie 23
Gegrillte Austernpilze 26
Gemischter Salat mit rohen Champignons 29
Lachscarpaccio mit Pilz-Kerbel-Vinaigrette 21
Marinierte Champignons 15
Nudelsalat, mit Pilzen 18
Reissalat 25
Salat, gemischter, mit rohen Champignons 29
Shiitake-Parfait mit Lachs 17
Spinatsalat mit Shiitake 20
Sushi mit Spinat und Shiitake 24
Tintenfischsalat mit Austernpilzen 16
Toast mit Spinat, Pilzen und gebratener Hühnerbrust 22
Tomaten-Pilz-Salat mit Roquefortdressing 28

HEYNE KOCHBÜCHER

Die größte Kochbuch-Spezialsammlung! Praktisch, handlich, preiswert

07/4500

07/4563

07/4562

07/4553

07/4499

07/4510

07/4551

07/4511

HEYNE KOCHBÜCHER

Gesunde Küche und Biokost im Heyne-Taschenbuch.

07/4568

07/4552

07/4454

07/4495

07/4559

07/4459

07/4498

07/4295